Prevenção e Solução de Conflitos em Consórcios Empresariais

Prevenção e Solução de Conflitos em Consórcios Empresariais

2017

Vanessa Ferrari Teixeira

PREVENÇÃO E SOLUÇÃO DE CONFLITOS EM CONSÓRCIOS EMPRESARIAIS
© Almedina, 2017

AUTORA: Vanessa Ferrari Teixeira
DIAGRAMAÇÃO: Almedina
DESIGN DE CAPA: FBA
ISBN: 978-858-49-3222-1

Dados Internacionais de Catalogação na Publicação (CIP)
(Câmara Brasileira do Livro, SP, Brasil)

Teixeira, Vanessa Ferrari
Prevenção e solução de conflitos em consórcios
empresariais / Vanessa Ferrari Teixeira. –
São Paulo : Almedina, 2017.
Bibliografia
ISBN: 978-85-8493-222-1
1. Administração de conflitos 2. Administração
de empresas 3. Consórcio de empresas 4. Prevenção
- Problemas 5. Soluções de problemas I. Título.

17-04808   CDD-658.4053

Índices para catálogo sistemático:
1. Prevenção e solução de conflitos : Empresas : Administração 658.4053

Este livro segue as regras do novo Acordo Ortográfico da Língua Portuguesa (1990).

Todos os direitos reservados. Nenhuma parte deste livro, protegido por copyright, pode ser reproduzida, armazenada ou transmitida de alguma forma ou por algum meio, seja eletrônico ou mecânico, inclusive fotocópia, gravação ou qualquer sistema de armazenagem de informações, sem a permissão expressa e por escrito da editora.

Junho, 2017

EDITORA: Almedina Brasil
Rua José Maria Lisboa, 860, Conj.131 e 132, CEP: 01423-001 São Paulo | Brasil
editora@almedina.com.br
www.almedina.com.br

AGRADECIMENTOS

Nem uma página deste trabalho poderia ter sido escrita se não fosse pelo apoio da minha querida família. Todos tiveram um importante papel no meu desenvolvimento pessoal e profissional. Além dos irmãos, tios, tias, primos e prima, que sempre estiveram presentes, agradeço à minha avó, que nunca deixou de acreditar em meu potencial, aos meus pais, que sempre me incentivaram a estudar e, por fim, mas não menos importante, ao meu marido, que, com muita paciência, acompanhou de perto todos os dias e noites dedicados a este estudo.

Agradeço a todos os amigos – do Criativa, do Liceu, do Mackenzie, da Queiroz Galvão e da Galvão – que há anos acompanham a minha trajetória no Insper e que nunca me deixaram desistir.

A todos os professores e amigos do Insper, a minha profunda gratidão, vocês foram – e são – essenciais. Não há palavras para descrever o carinho que tenho por esta instituição de ensino, que tive o prazer de acompanhar por tantos anos. O Insper está cada dia mais inspirador e, com certeza, seguirá construindo um futuro melhor para o ensino superior no Brasil.

APRESENTAÇÃO

Apresentar a aluna Vanessa Ferrari Teixeira e a sua primeira (espero, de várias) obra é uma tarefa não trivial. Sempre simpática, sempre interessada e sempre participativa com sugestões para os temas de aula e para o curso todo, Vanessa confiou duas vezes no Insper e concluiu, com méritos, dois programas de pós-graduação "lato sensu" denominados "LL.M. em Direito Societário" e "LL.M. em Direito dos Contratos". Seu amor pelo Insper é algo inspirador até por nós professores. Não surpreendeu, portanto, que ela aceitasse o desafio de transformar a sua monografia de conclusão desses programas (dupla titulação) na obra que as senhoras e os senhores tem em mãos.

Perdi as contas de quantas vezes Vanessa e eu interagimos. Ela "brigou" muito para encontrar um tema que fosse a "cara dela", com proximidade à sua realidade profissional e que a instigasse a pesquisar e, de fato, contribuir com os demais apaixonados pelo tema. Ela jamais iria descansar se não pudesse alçar os mais longos voos com o seu trabalho: ela sempre buscou o melhor de si, da escola, dos professores, de tudo.

O que todos estão agora testemunhando, pois, é o produto final de uma longa e bem-sucedida jornada acadêmica da Vanessa. Ela começa por escolher uma de suas paixões profissionais: os consórcios de empresas. A pergunta fundamental de pesquisa da Vanessa é bem simples, direta e poderosa: quais são melhores formas de prevenir e solucionar possíveis conflitos surgidos entre as partes que integram um consórcio empresarial? Para tanto, ela estrutura seu trabalho em duas grandes partes, sendo a primeira dedicada à compreensão dos fundamentos desse instituto, com a identificação de suas principais características. Já a segunda parte é dedicada aos conflitos que emanam dessa combinação de negócios, bem como às diversas formas de sua solução.

Termino esta breve, mas emocionada apresentação, elogiando várias das outras qualidades da Vanessa, que transbordam para o texto: (a) sua seriedade e dedicação aos estudos (vejam que maravilhoso é seu levantamento bibliográfico e demais pesquisas); (b) sua objetividade (na forma em que encaminha os assuntos, conectando teoria sempre com a prática); e (c) sua generosidade (ela nos deixa uma grande obra, com ótimas conclusões e recomendações práticas – que não iremos propositadamente antecipar agora). Tive a honra de ter tido a Vanessa como aluna em mais de uma oportunidade, de participar da banca examinadora da sua monografia, e agora de apresentar o seu trabalho ao mundo. Obrigado, Vanessa! Boa leitura a todos, ora já consorciados com a autora nesta bela obra jurídica!

ANDRÉ ANTUNES SOARES DE CAMARGO

SUMÁRIO

INTRODUÇÃO 11

PARTE I – FUNDAMENTOS DOS CONSÓRCIOS EMPRESARIAIS ... 17

1. O Consórcio de Empresas ... 19
   1.1 Considerações Iniciais ... 19
   1.2 Natureza Jurídica dos Consórcios ... 27
      a) Consórcio e Sociedade em Comum ... 32
      b) Consórcio e Sociedade de Propósito Específico ... 33
      c) Consórcio e Sociedade em Conta de Participação ... 35
      d) Consórcio e Cooperativa ... 37
      e) Consórcio e Aliança Estratégica ... 38
      f) Consórcio e Grupo de Sociedades ... 39
      g) Consórcio e Cartel ... 45
   1.3 Classificação do Contrato de Consórcio ... 48
   1.4 Características Essenciais de um Consórcio de Empresas ... 59
      a) Designação do Consórcio ... 60
      b) Objeto do Consórcio ... 60
      c) Duração, Endereço e Foro do Consórcio ... 62
      d) Obrigações e Responsabilidades das Consorciadas e suas Prestações ... 63
      e) Receitas e Partilha de Resultados ... 64
      f) Administração, Contabilização e Representação do Consórcio ... 65
      g) Deliberações Consorciais ... 67
      h) Contribuições das Consorciadas para as Despesas Comuns ... 69
      i) Registro do Contrato de Consórcio ... 69

PREVENÇÃO E SOLUÇÃO DE CONFLITOS EM CONSÓRCIOS EMPRESARIAIS

PARTE II. CONFLITOS EM CONSÓRCIOS EMPRESARIAIS   73

2. Do Vínculo Jurídico entre as Empresas que Compõem
o Consórcio   75

   2.1 As Partes em um Consórcio   75

   2.2 O Vínculo Jurídico entre as Consorciadas e a Boa-fé   78

   2.3 O Inadimplemento de Obrigações pelas Consorciadas   90

3. Solução de Controvérsias entre as Consorciadas   95

   3.1 Considerações Gerais   95

   3.2 Previsão Contratual de Mecanismos de Solução de Impasses   98

4. Outras Formas de Solução de Conflitos em Consórcios   115

   4.1 Cláusulas Escalonadas   115

   4.2 *Dispute Boards*   119

   4.3 Conciliação e Mediação   123

   4.4 Arbitragem   128

   4.5 Dissolução de Consórcio – Análise de Precedente Jurisprudencial   137

CONCLUSÃO   149

Referências   157

Referências Complementares   165

Legislação   173

Jurisprudência   177

Introdução

No Brasil, segundo dados da Secretaria da Micro e Pequena Empresa da Presidência da República[1], existem 14.631 Consórcios registrados nas Juntas Comerciais do país. Nesse sentido, nota-se que os Consórcios são importantes para o desenvolvimento de negócios no Brasil, pois, em razão da sua breve regulamentação, apresentam grande versatilidade do ponto de vista operacional, permitindo às empresas se organizarem da forma que melhor entenderem, com vistas à consecução do objeto do Consórcio.

De fato, a Lei n. 6.404, de 15 de dezembro de 1976 (Lei das Sociedades por Ações), contém apenas 2 (dois) artigos destinados à disciplina dos Consórcios, a saber, os artigos 278 e 279, que serão objeto de estudo ao longo do presente trabalho.

Os artigos 278 e 279 da Lei das Sociedades por Ações tratam fundamentalmente de questões procedimentais, limitando-se a estabelecer que os Consórcios: (i) podem ser constituídos por companhias e outras sociedades, sob mesmo controle ou não; (ii) devem possuir como objeto a execução de determinado empreendimento; (iii) carecem de personalidade jurídica.

Com relação às obrigações das consorciadas, estas deverão ser estabelecidas no contrato de constituição do Consórcio, não havendo presunção

---

[1] COORDENAÇÃO DE SUPORTE OPERACIONAL CGSR/DREI/SEMPRE-PR. [**e-Ouv – Sistema de Ouvidorias**] **Manifestação Respondida no Sistema**. [mensagem pessoal]. Mensagem recebida pela autora. Em: 20 mar. 2017.

de solidariedade entre elas, sendo que a falência de uma das consorciadas não extingue o Consórcio, nem se estende às demais consorciadas.

A Lei das Sociedades por Ações estabelece ainda que o contrato de constituição do Consórcio deverá ser aprovado pelo órgão societário competente para autorizar a alienação de bens do ativo não circulante e deverá conter certos requisitos formais mínimos, devendo, posteriormente, ser arquivado no registro do comércio do lugar de sua sede (art. 279[2]).

Além disso, por força de determinação legal expressa (art. 278, par. 1º[3]), "o Consórcio não tem personalidade jurídica e as consorciadas se obrigam nas condições previstas no respectivo contrato, respondendo cada uma por suas obrigações, sem presunção de solidariedade". Ao mesmo tempo, a exposição de motivos da Lei das Sociedades por Ações[4] define o Consórcio como uma "modalidade de sociedade não personificada".

A escassa regulamentação e o aparente conflito existente na legislação em vigor geram grandes dúvidas com relação à natureza jurídica dos Consórcios: seriam eles sociedades ou contratos? Qual o regramento jurídico a ser aplicado a tais organizações, o contratual ou o societário?

Tais questões são importantes especialmente quando se está diante de um conflito entre as consorciadas, pois caberá ao aplicador do direito orientar o seu cliente com relação à melhor forma de se endereçar as controvérsias eventualmente existentes. Para tanto, deverá o advogado compreender corretamente quais instrumentos jurídicos poderão ser utilizados em cada caso – se aqueles aplicáveis aos contratos ou às sociedades.

---

[2] BRASIL. Lei n. 6.404, de 15 de dezembro de 1976. Dispõe sobre as Sociedades por Ações. Palácio do Planalto Presidência da República, Brasília, DF, 15 de dezembro de 1976. Disponível em: < https://www.planalto.gov.br/ccivil_03/leis/L6404consol.htm>. Acesso em: 28 nov. 2016.

[3] BRASIL. Lei n. 6.404, de 15 de dezembro de 1976. Dispõe sobre as Sociedades por Ações. Palácio do Planalto Presidência da República, Brasília, DF, 15 de dezembro de 1976. Disponível em: < https://www.planalto.gov.br/ccivil_03/leis/L6404consol.htm>. Acesso em: 28 nov. 2016.

[4] BRASIL. Exposição de Motivos n. 196, de 24 de junho de 1976. Exposição de Motivos n. 196, de 24 de junho de 1976, do Ministério da Fazenda. BRASÍLIA, DF, Disponível em: <https://www.planalto.gov.br/ccivil_03/leis/L8137.htm>. Acesso em: 16 jan. 2017.

E é justamente esse o ponto central do presente trabalho: compreender a natureza jurídica dos Consórcios para, em seguida, identificar as melhores formas de prevenir e solucionar eventuais conflitos entre as consorciadas.

Assim, buscar-se-á, em uma primeira parte, detalhar a natureza jurídica dos Consórcios, identificando as suas principais características e comparando-o com outros institutos do direito.

Também serão apresentadas algumas importantes classificações do contrato de constituição do Consórcio, a fim de fixar conceitos essenciais à sua correta compreensão.

Em seguida, com base nas conclusões alcançadas, terá início uma segunda parte do trabalho, na qual serão apresentadas algumas sugestões para a prevenção e solução de conflitos no âmbito dos Consórcios empresariais.

É importante esclarecer que, por ser um contrato de longo prazo, que exige intensa colaboração entre as partes, assim como em uma sociedade ou em qualquer outra estrutura de organização envolvendo pessoas, é de supor que, no âmbito dos Consórcios, também ocorram problemas relativos ao desalinhamento de interesses entre as partes envolvidas, no caso, entre as consorciadas, entre estas e os administradores e representantes do Consórcio, ou, ainda, entre o próprio Consórcio e terceiros.

A literatura costuma denominar tais conflitos como "problemas de agência", nos quais uma parte – o agente – se compromete a executar determinada tarefa para outrem – o principal –, sendo que cada uma delas possui níveis de informações diferentes e interesses distintos. Nesse sentido, convém destacar o entendimento de Kraakman[5]:

---

[5] KRAAKMAN, Reinier H. et al. **The anatomy of corporate law: a comparative and functional approach.** 2. ed. New York: Oxford University Press, 2009. p. 35. Tradução nossa: "Em particular, quase qualquer relação contratual, em que uma das partes (o 'agente') prometer executar algo a outrem (o 'principal'), está potencialmente sujeita a um problema de agência. O núcleo da dificuldade é que, como o agente geralmente tem melhores informações do que o principal sobre os fatos relevantes, o principal não pode assegurar-se facilmente de que o desempenho do agente é exatamente o que foi prometido. Como consequência, o agente tem um incentivo para agir de forma oportunista, esquecendo-se da qualidade de seu desempenho, ou eventualmente desviando para si algo que foi prometido ao principal. Isso significa, por sua vez, que o valor do serviço do agente para com o principal será reduzido, diretamente ou porque, para garantir a qualidade do desempenho do agente,

In particular, almost any contractual relationship, in which one party (the 'agent') promises performance to another (the 'principal'), is potentially subject to an agency problem. The core of the difficulty is that, because the agent commonly has better information than does the principal about the relevant facts, the principal cannot easily assure himself that the agent's performance is precisely what was promised. As a consequence, the agent has an incentive to act opportunistically, skimping on the quality of his performance, or event diverting to himself some of what was promised to the principal. This means, in turn, that the value of the agent's performance to the principal will be reduced, either directly or because, to assure the quality of the agent's performance, the principal must engage in costly monitoring of the agent. The greater the discretion the agent must be given, the larger these 'agency costs' are likely to be.

No caso dos Consórcios, é possível identificar claramente os 3 (três) principais problemas de agência acima mencionados.

O primeiro deles refere-se aos conflitos entre os membros integrantes do Consórcio, os quais, apesar de terem decidido se unir para a consecução de determinado fim, podem possuir culturas empresariais distintas e, como tal, maneiras diversas de fazer negócios.

Nos Consórcios não há previsão legal com relação à tomada de decisão entre as consorciadas, matéria esta que deverá ser regulada no instrumento de constituição consorcial. Dessa forma, existem, por exemplo, Consórcios em que (i) as decisões são tomadas majoritariamente, em relação à proporção de participação de cada consorciada; (ii) há situações em que cada consorciada possuirá um voto, independentemente de sua contribuição; e, (iii) há casos, ainda, em que somente poderão ser tomadas decisões por unanimidade. Independentemente da forma decisória prevista no contrato de constituição do Consórcio, é fato que sempre será possível a existência de divergências entre as consorciadas que levem a um conflito.

Além disso, existem situações em que cada consorciada possui suas obrigações detalhadas no instrumento de constituição do Consórcio, porém, por qualquer razão, determinada parte acaba por não as cumprir, tornando-se inadimplente, o que, por certo, resultará em um desentendimento com as demais consorciadas.

---

o principal deve exercer um monitoramento caro do agente. Quanto maior a fiscalização sobre o agente, maiores esses 'custos de agência' serão".

INTRODUÇÃO

Qualquer situação envolvendo conflitos entre consorciadas implicará a perda de tempo e de recursos para solucioná-los, bem como poderá prejudicar o desenvolvimento do objeto do Consórcio. Assim, e levando em consideração a escassa regulamentação sobre o tema, o estudo de meios para se mitigar e solucionar tais problemas de agência entre as consorciadas se mostra fundamental.

Outro possível problema de agência em Consórcios refere-se às divergências existentes entre as consorciadas e as pessoas contratadas para exercer a administração e a representação do Consórcio. Neste item, podemos identificar 2 (dois) principais problemas, sendo um deles o confronto entre os interesses do administrador ou representante do Consórcio em relação aos interesses das consorciadas e outro quando se verifica o desalinhamento entre o administrador ou representante indicado por apenas uma das consorciadas ou um grupo delas, em relação aos interesses das demais consorciadas. Este ponto, apesar de ser muito interessante e pouco explorado pela doutrina, não será objeto do presente trabalho, pois se trata de um tema extremamente amplo que poderia, tranquilamente, ser objeto de uma monografia independente.

Por fim, o terceiro problema de agência que se verifica em Consórcios é aquele relativo aos conflitos envolvendo o próprio Consórcio e terceiros com quem este se relaciona, como, por exemplo, os seus clientes, fornecedores, credores, entre outros. Sobre este item a doutrina já se debruçou fartamente – tratando da capacidade contratual e processual do Consórcio, seu patrimônio e responsabilidade das consorciadas perante terceiros –, motivo pelo qual o referido tema também não integrará o presente estudo.

Assim, a segunda parte deste trabalho tratará exclusivamente do primeiro problema de agência verificado em Consórcios, ou seja, aquele referente a possíveis controvérsias surgidas no relacionamento existente entre as consorciadas.

Esta segunda parte do trabalho está dividida em 3 (três) capítulos, sendo o primeiro dedicado à análise do relacionamento entre as partes, a boa-fé que deve permear as suas condutas e os reflexos do inadimplemento de qualquer das obrigações assumidas pelas consorciadas. O capítulo seguinte tratará das formas de solução de controvérsias entre as partes mediante a previsão contratual de determinados mecanismos inspirados tanto no direito dos contratos como no direito societário.

Por último, serão abordadas formas de solução de conflitos que contam com a intervenção de terceiros, tais como *dispute boards*, conciliação, mediação e arbitragem, finalizando com a análise de um precedente judicial que trata da dissolução de um Consórcio.

Sendo assim, o presente trabalho se propõe a responder às seguintes questões: (i) qual o regramento jurídico aplicável aos Consórcios e quais as suas principais características? (ii) quais as consequências do inadimplemento de obrigações contratuais assumidas pelas consorciadas? (iii) quais as melhores práticas para a prevenção de conflitos entre consorciadas? (iv) quais as melhores práticas para a solução de conflitos entre consorciadas?

O tema se mostra atual e relevante, pois, em razão da grave crise econômica vivida pelo país a partir de 2014, grande parte das empresas enfrentou problemas financeiros que impactaram o desenvolvimento das atividades dos Consórcios, gerando assim conflitos entre as consorciadas[6]. Além disso, é fundamental que, em Consórcios futuros, as partes discutam, previamente, formas eficazes de solução de impasses, a fim de evitar custos e problemas com o desenvolvimento do projeto objeto do Consórcio.

Com base no exposto, o presente trabalho contou com pesquisa bibliográfica e documental, utilizando, para tanto, as seguintes fontes: legislação, doutrina e jurisprudência. A partir de então, foi utilizado o método dialético para a análise e discussão das posições doutrinárias e jurisprudenciais relativas a cada argumento ou problema.

---

[6] Conforme: SCARAMUZZO, Mônica. Crise reforça brigas societárias em empresas no Brasil. 2016. Disponível em: <http://exame.abril.com.br/negocios/crise-reforca-brigas-societarias--em-empresas-no-brasil/>. Acesso em: 23 fev. 2017.

PARTE I
Fundamentos dos Consórcios Empresariais

1. O Consórcio de Empresas

1.1 Considerações Iniciais

Não seria possível iniciar o estudo sobre as melhores formas de prevenção e solução de conflitos entre consorciadas em Consórcios empresariais sem antes compreender corretamente o conceito e a natureza do Consórcio empresarial.

A palavra *Consórcio* tem origem no latim, *consortium*, compreendendo a união de duas outras palavras: *consors* e *sorts(tis)*, *sotis*. *Consors* significa parceiro e *sorts*, sorte, destino. Pode-se, então, dizer que o Consórcio caracteriza a união daqueles que participarão de um mesmo destino, de uma mesma sorte[7].

Nesse sentido, Pontes de Miranda[8] ensina que "o que caracteriza o Consórcio é a existência, entre as empresas, de situação objetiva idêntica, de modo que se possa estabelecer a mesma *sorte*, total ou parcial, embora cada um exerça, singularmente, a sua atividade".

Assim, em um Consórcio, as empresas dividirão o mesmo destino com relação a determinada atividade, devendo haver, entre elas, disci-

---

[7] Conforme: ACQUAVIVA, Marcus Claudio. **Dicionário jurídico brasileiro Acquaviva**. São Paulo: Editora Jurídica Brasileira, 2006. p. 229.

[8] Conforme: PONTES DE MIRANDA, Francisco Cavalcanti. **Tratado de direito privado:** parte especial. Direito das obrigações: sociedade por ações (continuação). Sociedade em comandita por ações. Controle das sociedades. Sociedades de investimento, de crédito e de financiamento. São Paulo: Editora Revista dos Tribunais, 2012. p. 316, t. 51.

plina, organização e cooperação, de forma a viabilizar o atingimento de seus interesses e resultados.

Fabiana Carsoni Alves Fernandes da Silva[9] explica que a palavra *Consórcio* é "polissêmica, suscetível de indicar toda e qualquer situação em que se identifique uma comunhão de interesses à qual se atribua um destino comum (*cum-sortis*), designando, pois, uma série de associações, desde a matrimonial até a empresarial".

De fato, o Código Civil[10] utiliza as palavras *consorciado* (parágrafo 3º do art. 1.516) e *consorte* (arts. 504, 1.322, 1.521, VII, 1.565, 1.651, I e II) sempre como sinônimo de alguém que acompanhará o destino de outrem – o companheiro ou a companheira.

No mesmo sentido, a Lei das Sociedades por Ações[11] emprega a palavra *Consórcio* (arts. 278 e 279) como a união de empresas que dividirão a mesma sorte – a execução de determinado empreendimento.

Assim, verifica-se que a palavra *Consórcio*, no direito brasileiro, pode significar tanto a união de pessoas físicas (como acontece no casamento) como jurídicas (no caso dos consórcios empresariais). Ao presente trabalho, importa o conceito de Consórcio empresarial, previsto, de forma genérica, na Lei das Sociedades por Ações.

Além da previsão contida na Lei das Sociedades por Ações, outras normas também disciplinam os Consórcios, trazendo algumas peculiaridades quando estes tiverem como objeto, por exemplo, a: (i) execução e concessão de grandes obras de infraestrutura[12], como aeroportos, portos, estradas, estádios, dentre outros; (ii) colocação pública de valores mobiliários no mercado, sob a modalidade jurídica de um Consórcio

---

[9] Conforme: SILVA, Fabiana Carsoni Alves Fernandes da. **Consórcios de Empresas:** Aspectos Jurídicos Relevantes. São Paulo: Quartier Latin, 2015. p. 21.

[10] BRASIL. Lei n. 10.406, de 10 de janeiro de 2002. Institui o Código Civil. Palácio do Planalto Presidência da República, Brasília, DF, 10 de janeiro de 2002. Disponível em: <http://www.planalto.gov.br/ccivil_03/leis/2002/L10406.htm>. Acesso em: 28 nov. 2016.

[11] "BRASIL. Lei n. 6.404, de 15 de dezembro de 1976. Dispõe sobre as Sociedades por Ações. Palácio do Planalto Presidência da República, Brasília, DF, 15 de dezembro de 1976. Disponível em: < https://www.planalto.gov.br/ccivil_03/leis/L6404consol.htm>. Acesso em: 28 nov. 2016.

[12] Conforme artigo 33 da Lei n. 8.666, de 21 de junho de 1993, artigo 19 da Lei n. 8.987, de 13 de fevereiro de 1995, e art. 14, parágrafo único, I, da Lei n. 12.462, de 4 de agosto de 2011.

de *underwriting*[13]; (iii) simplificação dos processos de exportação[14]; (iv) exploração de serviços aeronáuticos[15]; (v) incrementação das atividades de mineração[16]; (vi) derivação e uso da água[17]; (vii) geração de energia elétrica[18]; (viii) exploração, o desenvolvimento e a produção de petróleo e de gás natural[19].

Algumas das referidas normas são inclusive anteriores à vigência da Lei das Sociedades por Ações, o que demonstra que o instituto do Consórcio já é de conhecimento do direito brasileiro há bastante tempo, ainda que sem um regramento especial. No caso, a previsão para a utilização dos Consórcios, sem que estes estivessem devidamente detalhados na legislação pátria, gerava inúmeras incertezas, quer seja com relação à sua natureza jurídica, quer seja no tocante à sua aplicação[20].

Diante desse cenário, a regulamentação prevista na Lei das Sociedades por Ações foi extremamente relevante, pois, apesar de não esgotar o tema, trouxe segurança jurídica às empresas que quisessem se associar mediante a utilização do Consórcio, na medida em que sistematizou o assunto, estabelecendo critérios para a sua constituição e configuração como figura jurídica autônoma[21].

O projeto de Código Comercial de autoria do Deputado Vicente Cândido, que tramita no Congresso Nacional sob o n. 1.572, de 2011, não traz qualquer alteração relevante à redação destinada a tratar dos consórcios, mantendo praticamente inalterados os dois artigos atualmente em vigor[22].

---

[13] Conforme artigo 15 da Lei n. 4.728, de 14 de julho de 1965.

[14] Conforme artigo 20, "f", da Lei n. 5.025, de 10 de junho de 1966.

[15] Conforme artigo 186, parágrafo 1º da Lei n. 7.565, de 19 de dezembro de 1986.

[16] Conforme artigo 86 do Decreto-Lei n. 227, de 28 de fevereiro de 1967 (Código de Minas).

[17] Conforme artigo 201 do Decreto n. 24.643, de 10 de julho de 1934 (Código de Águas).

[18] Conforme artigo 11 da Lei n. 9.074, de 7 de julho de 1995, e Decreto 915, de 6 de setembro de 1993.

[19] Conforme artigo 38 da Lei n. 9.478, de 6 de agosto de 1997.

[20] Sobre o contexto em que os Consórcios foram incluídos na Lei das Sociedades por Ações, ver SILVA, Fabiana Carsoni Alves Fernandes da. **Consórcios de Empresas:** Aspectos Jurídicos Relevantes. São Paulo: Quartier Latin, 2015. p. 39 e ss.

[21] Conforme: LUCENA, José Waldecy. **Das sociedades anônimas:** comentários à lei (arts. 189 a 300). Rio de Janeiro: Renovar, 2012. p. 1085, v. 3.

[22] Conforme: BRASIL. Projeto de Lei n. 1.572, de 2011, de 13 de julho de 2016. Institui o Código Comercial. Lex. Disponível em: <http://www.camara.gov.br/proposicoesWeb/prop_

PREVENÇÃO E SOLUÇÃO DE CONFLITOS EM CONSÓRCIOS EMPRESARIAIS

Apesar do fato de os Consórcios não terem sido regulados pelo Código Civil, tal como ocorreu com os institutos da transformação, incorporação, fusão e cisão, fato é que o regramento previsto na Lei das Sociedades por Ações aplica-se a todos os tipos societários.

Fabiana Carsoni Alves Fernandes da Silva[23] cita algumas vantagens de tal associação empresarial:

> Nesse contexto de crescimento e desenvolvimento, os Consórcios serviram, e continuam a servir, de instrumento para o fomento da economia, na medida em que, por meio deles, os interessados podem obter vantagens operacionais e econômicas sob diversos aspectos, dentre os quais se destacam a maximização da capacidade produtiva, a capacitação para o desenvolvimento de novas tecnologias, a diminuição de custos administrativos ou de produção e a conquista de novos mercados.

Assim, os Consórcios sempre foram muito utilizados para o desenvolvimento de negócios no Brasil, pois, em razão da sua breve regulamentação, apresentam grande versatilidade do ponto de vista operacional, permitindo às empresas se organizarem da forma que melhor entenderem, com vistas à consecução do objeto do Consórcio.

De fato, a Lei das Sociedades por Ações contém apenas 2 (dois) artigos destinados à disciplina dos Consórcios, a saber, os artigos 278 e 279, os quais tratam fundamentalmente de questões procedimentais.

Da leitura do artigo 278 da Lei, temos que, para haver Consórcio, é necessária a presença de duas ou mais companhias ou quaisquer outras sociedades que partilhem do interesse em executar determinado empreendimento. A constituição de um Consórcio envolve, assim, a associação de pessoas para a consecução de determinado fim, devendo existir, entre as consorciadas, uma relação de cooperação empresarial tamanha, de maneira a permitir o desenvolvimento do empreendimento da melhor forma possível.

Dessa forma, a constituição de um Consórcio envolve a criação de uma parceria ou aliança entre duas ou mais empresas, com vistas ao

---

mostrarintegra;jsessionid=0D13E01755C0F2A2F3FE8BD54E2FDF91.proposicoesWebExterno2?codteor=1476929&filename=Parecer-PL157211-13-07-2016>. Acesso em: 23 fev. 2017.

[23] SILVA, Fabiana Carsoni Alves Fernandes da. **Consórcios de Empresas:** Aspectos Jurídicos Relevantes. São Paulo: Quartier Latin, 2015. p. 22.

desenvolvimento conjunto de determinada atividade, que pode ter por finalidade atingir um novo mercado ou aumentar suas capacidades técnico-operacionais.

As razões que levam as empresas a se associarem sob a forma de Consórcios são as mais diversas, e, nas palavras de Daniel Santa Barbara Esteves[24], podem ser resumidas da seguinte forma:

> De uma forma geral, os motivos consistem na conjugação de experiências, na reunião de recursos – sejam equipamentos, estrutura física, ferramental, pessoal especializado, capacidades financeiras, ou outros –, na otimização econômica do projeto, ou, ainda, no compartilhamento dos riscos envolvidos, que torna a associação o meio mais eficiente ou mesmo indispensável para viabilizá-lo.

Para as consorciadas, a formação de um Consórcio pode ser uma interessante forma de compartilhamento dos riscos de grandes empreendimentos, tal como se verifica, por exemplo, na construção de grandes obras de infraestrutura.

Nesse sentido, o Consórcio Construtor Belo Monte é um exemplo que ilustra bem essa necessidade. O referido Consórcio tem por objeto a construção da quarta maior hidrelétrica do mundo em capacidade de geração de energia, a Usina Hidrelétrica Belo Monte, um projeto de engenharia complexo com enorme impacto socioambiental[25]. Para a execução de tais obras foi necessária a associação de 10 (dez) das maiores construtoras do país[26], pois, em razão das dificuldades operacionais e dos investimentos que seriam necessários, nenhuma empresa, isoladamente, teria condições de fazer frente a tal empreitada.

---

[24] ESTEVES, Daniel Santa Bárbara. Consórcio de Empresas. In: FERNANDES, Wanderley (Coord.). **Contratos empresariais**: contratos de organização da atividade econômica. São Paulo: Saraiva, 2011. p. 376.

[25] Informações disponíveis no *site* do Consórcio Construtor Belo Monte. Conforme: CONSÓRCIO CONSTRUTOR BELO MONTE. **Empreendimento**. Disponível em: <https://www.consorciobelomonte.com.br/Publico.aspx?id=4>. Acesso em: 09 out. 2016, às 17:56 h.

[26] A saber: Andrade Gutierrez, Odebrecth, Camargo Corrêa, Queiroz Galvão, OAS, Galvão Engenharia, Contern, Serveng, J. Malucelli e Cetenco. Conforme: CONSÓRCIO CONSTRUTOR BELO MONTE. **O Consórcio**. Disponível em: <https://www.consorciobelomonte.com.br/Publico.aspx?id=2>. Acesso em: 09 out. 2016, às 17:56.

Além de vantajosa para as empresas consorciadas, a formação de Consórcios também pode ser interessante para o contratante final. Isso, pois, com a constituição de um Consórcio, a tendência é que o preço final do empreendimento seja menor, na medida em que, com a redução da subcontratação, evita-se a incidência cumulativa de impostos como o Imposto Sobre Serviços de Qualquer Natureza (ISSQN)[27], o Programa de Integração Social (PIS)[28] e a Contribuição para o Financiamento da Seguridade Social (COFINS)[29], permitindo assim uma otimização tributária.

Inclusive, com relação à figura da subcontratação, esta se diferencia substancialmente de um Consórcio, na medida em que o subcontratado responde apenas nos limites do objeto contratado, enquanto em um Consórcio é possível estabelecer o compartilhamento dos direitos e obrigações decorrentes da execução do empreendimento. Além disso, com relação à atestação final relativa à execução de uma obra pública, via de regra, o subcontratado terá somente um atestado emitido pelo contratante, enquanto o Consórcio terá o atestado emitido pelo contratante final, no caso, a Administração Pública.

A doutrina costuma qualificar os Consórcios em razão do momento em que são utilizados, sendo possível falar em Consórcios instrumentais e Consórcios operacionais.

Os Consórcios instrumentais, como o próprio nome indica, são aqueles utilizados apenas como *instrumento* para o atingimento de determinado objetivo. Ou seja, constituem uma associação de empresas, de forma organizada e cooperativa, as quais visam participar de uma mesma licitação ou concorrência para, juntas, firmarem um contrato com terceiro.

---

[27] Conforme: BRASIL. Lei Complementar n. 116, de 31 de julho de 2003. Dispõe sobre o Imposto Sobre Serviços de Qualquer Natureza, de competência dos Municípios e do Distrito Federal, e dá outras providências. Lex. Brasília, DF: D.O.U., 1º ago. 2003. Disponível em: <http://www.planalto.gov.br/ccivil_03/leis/LCP/Lcp116.htm>. Acesso em: 23 fev. 2017.

[28] Conforme: BRASIL. Lei Complementar n. 7, de 07 de setembro de 1970. Institui O Programa de Integração Social, e Dá Outras Providências. BRASÍLIA, DF: D.O.U., 10 set. 1970. Disponível em: <http://www.planalto.gov.br/ccivil_03/leis/LCP/Lcp07.htm>. Acesso em: 23 fev. 2017.

[29] Conforme: BRASIL. Lei Complementar n. 70, de 30 de dezembro de 1991. Contribuição para o Financiamento da Seguridade Social (COFINS). Lex. BRASÍLIA, DF: D.O.U., 31 dez. 1991. Disponível em: <http://www.planalto.gov.br/ccivil_03/leis/LCP/Lcp70.htm>. Acesso em: 23 fev. 2017.

1. O CONSÓRCIO DE EMPRESAS

Os Consórcios instrumentais são bastante comuns na prática administrativa, visto que, nas contratações com o Poder Público, quando duas ou mais empresas pretendem participar em conjunto, é comum que se exija a constituição de um Consórcio instrumental durante a fase licitatória.

Já os Consórcios operacionais são aqueles que propriamente *executam* a atividade empresarial. Nestes, as empresas se unem para concluir determinado empreendimento, também de forma organizada e com base na mútua cooperação.

Sobre o tema, destaca-se a lição de Luiz Gastão Paes de Barros Leães[30]:

> A atividade desenvolvida pelo Consórcio apenas "coordena" e "complementa" as atividades das consorciadas, mas com elas não se confunde.
>
> Daí também por que lícito será distinguir nessa atividade desenvolvida pelos Consórcios *momentos instrumentais* e *momentos operativos*, de onde ser possível falar em Consórcios instrumentais e em Consórcios operativos, como fazem os italianos. Os Consórcios instrumentais *limitar-se-iam a organizar* a atividade comum complementar, enquanto os Consórcios operativos *executariam* a atividade complementar entre Consórcios. Em ambas as modalidades, o Consórcio efetuaria a "coordenação" das atividades interempresariais.

Também é possível classificar os Consórcios conforme a divisão interna de suas tarefas. Serão horizontais os Consórcios nos quais as empresas executem as mesmas atividades, sem qualquer divisão de escopo. Por outro lado, caso o instrumento de constituição do Consórcio estabeleça funções diversas para cada consorciada, ter-se-á um Consórcio vertical[31].

Esta classificação é importante, pois, em razão da ampla liberdade de que dispõem as consorciadas para estabelecerem suas responsabilidades e obrigações, estas devem ser claramente definidas, sendo essencial que sejam bem redigidas no contrato de constituição do Consórcio, em

---

[30] LEÃES, Luiz Gastão Paes de Barros. Contrato de Consórcio. In: ____. **Pareceres**. São Paulo: Editora Singular, 2004. p. 524, v. 1.

[31] Conforme: PONTES DE MIRANDA, Francisco Cavalcanti. **Tratado de direito privado**: parte especial. Direito das obrigações: sociedade por ações (continuação). Sociedade em comandita por ações. Controle das sociedades. Sociedades de investimento, de crédito e de financiamento. São Paulo: Editora Revista dos Tribunais, 2012. p. 316, t. 51.

especial na hipótese de um Consórcio vertical, a fim de se evitar qualquer divergência que possa levar a um conflito entre as consorciadas.

Os Consórcios também podem ser abertos ou fechados, a depender da possibilidade, ou não, de serem admitidos novos membros na parceria[32]. Serão abertos os Consórcios que permitirem a entrada de terceiros, sendo fechados aqueles que o proibirem.

É importante ressaltar, todavia, que a modificação da composição dos Consórcios pode sofrer restrições pelo contratante, em especial no caso de contratações com o Poder Público, nas quais, geralmente, impõe-se um limite ao número total de participantes e exige-se uma capacitação mínima. Além disso, via de regra, qualquer alteração nos termos do contrato de constituição do Consórcio, em especial no que diz respeito aos seus participantes, requer anuência prévia da Administração Pública.

Fala-se ainda em Consórcios igualitários sempre que não houver, entre as empresas consorciadas, qualquer relação de controle. Por outro lado, nos Consórcios hegemoniais verifica-se a existência de influência societária de uma consorciada sobre as demais[33].

Por fim, Modesto Carvalhosa[34] classifica os Consórcios de acordo com sua complexidade, sendo (i) de primeiro grau aqueles nos quais inexiste a centralização das atividades em torno de uma direção ou organização única – estes são, em geral, os Consórcios ilícitos utilizados para a prática de cartel; (ii) de segundo grau, os Consórcios com direção única, porém, sem a indicação de uma empresa líder; e, por último, (iii) de terceiro grau, os Consórcios em que a representação e a direção das atividades ficam a cargo de uma das empresas que os compõem.

Feitas essas considerações iniciais, passa-se ao estudo da natureza jurídica dos Consórcios.

---

[32] Conforme: SILVA, Fabiana Carsoni Alves Fernandes da. **Consórcios de Empresas**: Aspectos Jurídicos Relevantes. São Paulo: Quartier Latin, 2015. p. 32.

[33] Conforme: SILVA, Fabiana Carsoni Alves Fernandes da. **Consórcios de Empresas**: Aspectos Jurídicos Relevantes. São Paulo: Quartier Latin, 2015. p. 32-33.

[34] Conforme: CARVALHOSA, Modesto. **Comentários à Lei das Sociedades Anônimas**: arts. 243 a 300 da Lei n. 6.404, de 15 de dezembro de 1976, com as modificações da Lei n. 11.941, de 27 de maio de 2009. 4. ed. ver. e atual. São Paulo: Saraiva, 2011. p. 446, 4º v., t. II.

1.2 Natureza Jurídica dos Consórcios

Compreender a natureza jurídica dos Consórcios é essencial para os fins do presente trabalho, na medida em que, a depender do seu correto enquadramento, a forma de solução de conflitos entre as consorciadas será distinta. Por exemplo, caso o Consórcio seja considerado uma sociedade, será possível defender a utilização dos institutos do recesso, dissolução parcial, exclusão de sócio, dentre outros, enquanto, caso este venha a ser considerado como um contrato empresarial, a solução deverá ser, necessariamente, outra.

Assim, este estudo seguirá a orientação de Antônio Junqueira de Azevedo[35], que defende ser importante compreender corretamente a natureza jurídica dos institutos, como forma de viabilizar o adequado enquadramento entre os fatos da vida e as normas previstas na lei. Para tanto, este trabalho (i) determinará a localização dos Consórcios no ordenamento, bem como (ii) visa compará-los com outras figuras jurídicas.

Com relação à determinação do lugar dos Consórcios no esquema geral do ordenamento, a exposição de motivos[36] da Lei das Sociedades por Ações os coloca como uma das formas de associação entre sociedades, ao lado dos grupos empresariais. Além disso, a exposição de motivos[37] da Lei das Sociedades por Ações define o Consórcio como uma "modalidade de sociedade não personificada". Entretanto, não se pode dizer que o Consórcio constitui uma sociedade propriamente dita, como se passa a demonstrar.

---

[35] Conforme: AZEVEDO, Antonio Junqueira de. Natureza jurídica do contrato de consórcio: Classificação dos Atos jurídicos quanto ao número de partes e quanto aos Efeitos. Os contratos relacionais. A boa-fé nos contratos Relacionais. Contratos de duração. Alteração das Circunstâncias e onerosidade excessiva. Sinalagma e Resolução contratual. Resolução parcial do contrato. Função social do contrato. **Revista dos Tribunais**, São Paulo, v. 832/2005, n. 0, p. 115-137, fev. 2005. Disponível em: <http://revistadostribunais.com.br/maf/app/resultList/document?&src=rl&srguid=i0ad6adc500000158a65d3a>. Acesso em: 27 nov. 2016. (Paginação da versão eletrônica difere da versão impressa.)

[36] BRASIL. Exposição de Motivos n. 196, de 24 de junho de 1976. Exposição de Motivos n.196, de 24 de junho de 1976, do Ministério da Fazenda. BRASÍLIA, DF. Disponível em: <https://www.planalto.gov.br/ccivil_03/leis/L8137.htm>. Acesso em: 16 jan. 2017.

[37] BRASIL. Exposição de Motivos n. 196, de 24 de junho de 1976. Exposição de Motivos n. 196, de 24 de junho de 1976, do Ministério da Fazenda. BRASÍLIA, DF. Disponível em: <https://www.planalto.gov.br/ccivil_03/leis/L8137.htm>. Acesso em: 16 jan. 2017.

O artigo 981 do Código Civil Brasileiro[38] estabelece que "celebram contrato de sociedade as pessoas que reciprocamente se obrigam a contribuir, com bens ou serviços, para o exercício de atividade econômica e a partilha, entre si, dos resultados".

Depreende-se do artigo supracitado que as sociedades possuem 3 (três) características essenciais, a saber: (i) organização de pessoas físicas ou jurídicas que contribuirão com bens ou serviços; (ii) exercício de uma atividade econômica pela sociedade; e (iii) partilha dos resultados.

Quanto ao primeiro item, pode-se dizer que, para a existência de uma sociedade, as partes devem se organizar e contribuir com bens ou serviços, que servirão para a formação do capital social. O capital social se coloca como uma das características fundamentais das sociedades. Ocorre que, nos Consórcios, não se verifica a existência de capital social, mas apenas de um fundo consórtil[39].

A segunda característica das sociedades é que, nestas, a atividade não é desenvolvida pelas sócias, mas sim pela própria sociedade, de forma autônoma. A sociedade possui autonomia negocial, processual e patrimonial, destacando-se como ente distinto das suas sócias. Para tanto, dispõem as sociedades de órgãos de administração com poderes e direitos previstos na legislação.

No Consórcio, por outro lado, o exercício da atividade é feito pelas consorciadas, e não pelo Consórcio, na qualidade de entidade autônoma, tal como ocorre nas sociedades. Os consórcios não possuem órgãos de administração, mas apenas representantes indicados pelas partes. Além disso, apesar de possuir capacidade negocial e processual, o Consórcio não possui autonomia patrimonial, tendo em vista a inexistência de capital social, tal como adiantado no parágrafo anterior.

Com relação ao último ponto – partilha dos resultados –, como já adiantado acima, os Consórcios são formas associativas que dão às empresas ampla liberdade para estabelecerem as condições de sua parce-

---

[38] BRASIL. Lei n. 10.406, de 10 de janeiro de 2002. Institui o Código Civil. Palácio do Planalto Presidência da República, Brasília, DF, 10 de janeiro de 2002. Disponível em: <http://www.planalto.gov.br/ccivil_03/leis/2002/L10406.htm>. Acesso em: 28 nov. 2016.

[39] A respeito do fundo consórtil, *vide* monografia de Roberto Lincoln S. Gomes Júnior. **Regime de responsabilidade patrimonial nos consórcios de empresas.** 2015. 253 f. Tese (Doutorado). Curso de Direito, Universidade de São Paulo. Faculdade de Direito, São Paulo, 2015.

ria, inclusive para definir se, e como, receberão os resultados dela decorrentes. Assim, é possível prever, no contrato de Consórcio, que uma ou mais consorciadas não farão jus ao recebimento de quaisquer resultados em decorrência do exercício das atividades consorciais.

Cássio Cavalli[40] diz que "o que caracteriza o contrato de sociedade é a finalidade de partilhar os resultados (*i.e.* os lucros) de determinada atividade. Contudo, não são todos os tipos societários que podem ser tidos como sociedades empresárias, mas somente aqueles indicados no art. 983". No caso dos Consórcios, pode ser, inclusive, que estes não tenham finalidade lucrativa.

Além disso, os Consórcios não estão sequer previstos no Código Civil, de maneira que não podem estes, em qualquer hipótese, serem confundidos com as sociedades empresariais.

Os tribunais pátrios, inclusive, vêm adotando tal entendimento ao extinguirem diversas ações de decretação de falência propostas em face de Consórcios empresariais, tendo em vista que estes decorrem de contrato firmado entre sociedades, e que não possuem o condão de criar uma nova pessoa jurídica[41].

Dessa forma, verifica-se a incompatibilidade do instituto do Consórcio com as sociedades previstas na legislação em vigor. Por essas razões, apesar da redação confusa da exposição de motivos[42] da Lei das Sociedades por Ações, afastam-se os Consórcios das sociedades.

---

[40] CAVALLI, Cássio. O direito da empresa no novo Código Civil. **Revista de Direito Mercantil.** Iss. 131 (2003). Disponível em: <http://works.bepress.com/cassiocavalli/6/>. Acesso em: 15 out. 2016, às 12h24.

[41] Conforme: BRASIL. Tribunal de Justiça do Estado de Mato Grosso do Sul. Acórdão n. 0807284-65.2014.8.12.0021. Apelante: Kanaflex S/A. Indústria de Plásticos Apelado: Consórcio UFN III. Relator: Exma. Sra. Desª. Tânia Garcia de Freitas Borges. Campo Grande, MS, 22 de novembro de 2016. **TJMS.** Campo Grande, 22 nov. 2016. Disponível em: <http://www.tjms.jus.br/cjsg/getArquivo.do?cdAcordao=641812&cdForo=0&vlCaptcha=vQFdc>. Acesso em: 27 nov. 2016. BRASIL. Tribunal de Justiça do Estado de São Paulo. Acórdão n. APL 30064251820138260428 SP 3006425-18.2013.8.26.0428. Apte.: Consórcio Jaraguá Egesa. Apda.: Rep Equipamentos e Peças Ltda. Relator: Francisco Loureiro. Campinas, SP, 12 de agosto de 2015. **TJSP.** São Paulo, 12 ago. 2015. Disponível em: <http://tj-sp.jusbrasil.com.br/jurisprudencia/219934798/apelacao-apl-30064251820138260428-sp-3006425-1820138260428/inteiro-teor-219934817>. Acesso em: 27 nov. 2016.

[42] BRASIL. Exposição de Motivos n. 196, de 24 de junho de 1976. Exposição de Motivos n. 196, de 24 de junho de 1976, do Ministério da Fazenda. BRASÍLIA, DF. Disponível em: <https://www.planalto.gov.br/ccivil_03/leis/L8137.htm>. Acesso em: 16 jan. 2017.

Como previsto no artigo 279 da Lei das Sociedades por Ações[43], o Consórcio se constitui mediante contrato firmado entre as partes que pretendem unir esforços para a execução de determinado empreendimento, sem que, contudo, tais pessoas percam sua autonomia e personalidades jurídicas.

Contrato é o um negócio jurídico que envolve ao menos duas partes e que tem por objeto a constituição, transmissão e extinção de direitos[44]. Dessa forma, depreende-se que o Consórcio possui natureza puramente contratual.

Há, todavia, duas características importantes de tal contrato que devem ser desde logo apontadas.

Em primeiro lugar, percebe-se que o artigo 279 traz em seu conteúdo a ideia de colaboração, uma vez que as partes deverão *unir esforços para a execução de determinado empreendimento*. Assim, o Consórcio compreende uma associação de pessoas que colaborarão umas com as outras visando a determinado fim específico.

Segundo Fabiana Carsoni Alves Fernandes da Silva[45], "o contrato de Consórcio, nesse contexto, e em linhas gerais, presta-se à atuação coordenada e conjunta das partes consorciadas, sem supressão de sua autonomia, na busca do desiderato que as conduziu à aliança consorcial".

Igualmente, Modesto Carvalhosa entende ser o Consórcio[46]:

> [...] uma *comunhão de interesses e de atividades* que atende a específicos objetivos empresariais, que se originam nas sociedades consorciadas e delas se destacam. Estas procuram um fim comum específico, que é retirado dos fins gerais de cada uma delas. O Consórcio forma-se para agregar meios para a consecução de um fim próprio (Consórcio operacional) ou para habilitar as

---

[43] BRASIL. Lei n. 6.404, de 15 de dezembro de 1976. Dispõe sobre as Sociedades por Ações. Palácio do Planalto Presidência da República, Brasília, DF, 15 de dezembro de 1976. Disponível em: <https://www.planalto.gov.br/ccivil_03/leis/L6404consol.htm>. Acesso em: 28 nov. 2016.

[44] Conforme: GOMES, Orlando; BRITO, Edvaldo (Coord.). **Contratos**. 26. ed. 5. tir. Rio de Janeiro: Forense, 2009. p. 4.

[45] Conforme: SILVA, Fabiana Carsoni Alves Fernandes da. **Consórcios de Empresas**: Aspectos Jurídicos Relevantes. São Paulo: Quartier Latin, 2015. p. 55.

[46] CARVALHOSA, Modesto. **Comentários à Lei das Sociedades Anônimas**: arts. 243 a 300 da Lei n. 6.404, de 15 de dezembro de 1976, com as modificações da Lei n. 11.941, de 27 de maio de 2009. 4. ed. rev. e atual. São Paulo: Saraiva, 2011. p. 434, 4º v., t. II.

consorciadas – com a soma de seus recursos e aptidões – a contratarem com terceiros serviços e obras (Consórcio instrumental).

No mesmo sentido, José Waldecy Lucena[47] define o Consórcio como um "centro de interesses e de relações jurídicas", constituído mediante contrato associativo de sociedades que visam à execução de determinado empreendimento (Consórcio operacional) ou a contratação com terceiros (Consórcio instrumental), que, por sua vez, não confere personalidade jurídica à referida organização, de maneira que cada parte mantém sua autonomia, não sendo presumida a solidariedade entre elas. Destaca, por fim, o autor que o Consórcio tem caráter temporário.

Daniel Santa Bárbara Esteves[48] também destaca que nos Consórcios tem-se a "criação de uma estrutura de cooperação, mais ou menos robusta e intensa, conforme o caso, que lhe confere a possibilidade de se apresentar e conduzir o negócio de forma unificada".

Por sua vez, Roberto Lincoln de Sousa Gomes Júnior[49] conclui que:

> [...] pode-se definir tal instituto [o Consórcio] como um contrato plurilateral, com todas as características inerentes a esta modalidade, de caráter normativo, causal e típico, que serve como instrumento de colaboração e comunhão de escopo e objetivos entre pessoas jurídicas empresárias que visam à consecução de um empreendimento comum, com escopo e período de duração determinados. Embora, a depender da finalidade assumida, possa assumir feições societárias ou mesmo aproximar-se de esquemas associativos, não se confunde com as figuras da sociedade e da associação. Ademais, termina por não se caracterizar como sujeito de direito e não ter personalidade jurídica.

A Comissão de Valores Mobiliários (CVM) também firmou entendimento no sentido de que o Consórcio é um contrato interempresarial

---

[47] LUCENA, José Waldecy. **Das sociedades anônimas**: comentários à lei (arts. 189 a 300). Rio de Janeiro: Renovar, 2012. p. 1088, v. 3.

[48] ESTEVES, Daniel Santa Bárbara. Consórcio de Empresas. In: FERNANDES, Wanderley (Coord.). **Contratos empresariais**: contratos de organização da atividade econômica. São Paulo: Saraiva, 2011. p. 375.

[49] GOMES JÚNIOR, Roberto Lincoln de Sousa. **Regime de responsabilidade patrimonial nos consórcios de empresas**. 2015. 253 f. Tese (Doutorado). Curso de Direito, Universidade de São Paulo Faculdade de Direito, São Paulo, 2015.

que visa à união de recursos e esforços para a execução de empreendimentos significativos, requerendo, portanto, a colaboração entre os seus membros[50].

Assim, pode-se dizer que o Consórcio é um centro de interesses, no qual pessoas se associam mediante *contrato*, para *colaborar* com um fim comum. Como se percebe de tal definição, um dos elementos essenciais ao Consórcio é a *colaboração* entre as empresas que o compõem, tendo em vista que estas deverão, juntas, unir esforços para obter um contrato (nos Consórcios instrumentais) ou executar um empreendimento (nos Consórcios operacionais).

Outra característica importante dos Consórcios previstos na Lei das Sociedades por Ações é que devem eles ser compostos por *companhias e quaisquer outras sociedades*. Nesse sentido e considerando-se que o objeto dos Consórcios será sempre a execução de determinado empreendimento que esteja abrangido pelo objeto social das empresas que o compõem, pode-se dizer que, via de regra, o Consórcio será um contrato empresarial.

Trata-se, portanto, o Consórcio, de um contrato celebrado entre empresas que pretendem associar-se, sem, contudo, adquirir personalidade jurídica, para, por meio de intensa colaboração, participar de licitação e/ou executar determinado empreendimento. Assim, a natureza jurídica do Consórcio é puramente contratual.

Identificado o lugar dos Consórcios no ordenamento jurídico brasileiro – como um contrato empresarial –, passa-se agora a compará-lo com outros institutos, de forma a compreender melhor sua natureza jurídica.

a) Consórcio e Sociedade em Comum

As sociedades em comum estão previstas nos artigos 986 e seguintes do Código Civil[51] e podem ser definidas como sociedades que não possuem

---

[50] BRASIL. Comissão de Valores Mobiliários-CVM. Parecer n. CVM/SJU n. 044/82. Dra. Carmen Sylvia Motta Parkinson. Rio de Janeiro, RJ, 08 de junho de 1982. **Consórcio de Empresas**. Rio de Janeiro, 08 jun. 1982. Disponível em: <http://docvirt.com/docreader.net/DocReader.aspx?bib=juris_cvm_wi&pagfis=4789&pesq;=.>. Acesso em: 03 set. 2016.

[51] BRASIL. Lei n. 10.406, de 10 de janeiro de 2002. Institui o Código Civil. Palácio do Planalto Presidência da República, Brasília, DF, 10 de janeiro de 2002. Disponível em: <http://www.planalto.gov.br/ccivil_03/leis/2002/L10406.htm>. Acesso em: 28 nov. 2016.

seus atos constitutivos inscritos perante o Registro Público de Empresas Mercantis.

Como já adiantado acima, os Consórcios, por suas características, não podem ser considerados como sociedades. Além disso, uma das exigências para a constituição de um Consórcio é o seu registro perante a Junta Comercial responsável, de maneira que, caso regularmente constituído, não poderá o Consórcio ser confundido com uma sociedade em comum.

Outro traço distintivo entre os Consórcios e as sociedades em comum é que, nestas, a responsabilidade das partes é solidária e ilimitada (art. 990 do Código Civil), sendo que, naqueles, as partes têm a liberdade de dispor a respeito do regime de responsabilidade que regerá a parceria.

Dessa forma, não se confundem os Consórcios com as sociedades em comum.

Ocorre que, na hipótese de duas ou mais empresas estarem desenvolvendo as atividades de Consórcio sem o devido registro, é possível que tal associação venha a ser considerada como uma sociedade em comum, atribuindo-se responsabilidade solidária e ilimitada às empresas.

Assim, é essencial que as partes, ao pretenderem se associar sob a forma de Consórcio, sigam as formalidades legais e efetuem o devido registro do contrato de constituição do Consórcio perante os órgãos competentes, a fim de evitar qualquer discussão acerca de sua natureza e a eventual configuração da parceria como uma sociedade em comum[52].

b) Consórcio e Sociedade de Propósito Específico

Apesar de não serem sociedades empresárias, é importante destacar as semelhanças e diferenças entre os Consórcios e as sociedades de propósito específico, visto que estas, em geral, são precedidas por Consórcios instrumentais.

As sociedades de propósito específico são muito utilizadas nas contratações com o Poder Público, em especial na prática de concessões e parcerias público-privadas. Nesse sentido, a Lei n. 8.987/95, que trata das concessões de serviços públicos, e a Lei n. 11.079/04, que dispõe sobre as parcerias público-privadas, preveem expressamente a necessi-

---

[52] Conforme: SILVA, Fabiana Carsoni Alves Fernandes da. **Consórcios de Empresas**: Aspectos Jurídicos Relevantes. São Paulo: Quartier Latin, 2015. p. 124.

dade de constituição de uma sociedade de propósito específico pelo licitante vencedor, no caso de este ser um Consórcio.

Na prática, durante a fase licitatória, as partes constituem um Consórcio instrumental e, caso se sagrem vencedoras do certame, constituem a respectiva sociedade de propósito específico, respeitando os critérios e exigências previstos no edital.

As sociedades de propósito específico utilizadas atualmente possuem inspiração nas *special purpose company* (SCP) do direito norte-americano[53].

A grande vantagem das sociedades de propósito específico sobre os Consórcios é a sua autonomia patrimonial, que permite o isolamento dos riscos do empreendimento em uma pessoa jurídica distinta dos seus sócios.

Sobre a utilização das sociedades de propósito específico, o professor José Virgílio Lopes Enei[54] ensina que:

> Embora as SPEs tenham ganhado maior notoriedade em razão das operações de financiamento de projetos, atualmente seu uso suplanta em muito esse contexto. As SPEs vêm sendo utilizadas em larga escala, como instrumentos a serviço das mais variadas *joint ventures*, planejamentos tributários, operações de fusões e aquisições, operações de securitização, processos de privatização e procedimentos licitatórios.

Antes da regulamentação dos Consórcios pela Lei das Sociedades por Ações, era comum a existência dos chamados Consórcios societários, ou seja, Consórcios que eram constituídos sob a forma de uma sociedade para o desenvolvimento de um empreendimento específico. Nesse sentido, pode-se dizer que a sociedade de propósito específico corresponde ao antigo Consórcio societário.

É importante ressaltar, todavia, que, atualmente, dada a formatação dos Consórcios estar prevista na legislação, não mais se admite que estes tomem a forma de sociedades.

---

[53] Conforme: LUCENA, José Waldecy. **Das sociedades anônimas**: comentários à lei (arts. 189 a 300). Rio de Janeiro: Renovar, 2012. p. 1097, v. 3.

[54] ENEI, José Virgílio Lopes. **Project finance**: financiamento com foco em empreendimentos (parcerias público-privadas, leveraged buy-outs e outras figuras afins). São Paulo: Saraiva, 2007. p. 170.

c) *Consórcio e Sociedade em Conta de Participação*

A sociedade em conta de participação, prevista nos artigos 991 e seguintes do Código Civil[55], caracteriza-se como a associação de pessoas, sem personalidade jurídica, na qual apenas o sócio ostensivo é responsável pela execução do objeto social da sociedade, participando os demais dos respectivos resultados.

No caso, a sociedade em conta de participação independe de qualquer formalidade para a sua constituição[56] (art. 992 do Código Civil) e o seu contrato constitutivo somente produz efeitos perante os sócios, sem conferir personalidade jurídica à sociedade (art. 993 do Código Civil). Perante terceiros, apenas o sócio ostensivo aparece, obrigando-se em seu nome e sob sua responsabilidade.

A natureza jurídica das sociedades em conta de participação é controvertida, havendo aqueles que entendem ser ela uma sociedade sem personalidade jurídica e os que a consideram meramente um contrato[57]. Independentemente de sua natureza jurídica, as sociedades em conta de participação não se confundem com os Consórcios.

A primeira grande diferença entre os institutos ora em análise é que, nos Consórcios, todas as partes são de conhecimento público, devendo o seu ato constitutivo ser registrado perante os órgãos oficiais, enquanto nas sociedades em conta de participação, a despeito da exigência de registro perante a Receita Federal, via de regra, o sócio participante não é conhecido por terceiros alheios à sociedade e não se requer qualquer formalidade para a sua constituição.

---

[55] BRASIL. Lei n. 10.406, de 10 de janeiro de 2002. Institui o Código Civil. Palácio do Planalto Presidência da República, Brasília, DF, 10 de janeiro de 2002. Disponível em: <http://www.planalto.gov.br/ccivil_03/leis/2002/L10406.htm>. Acesso em: 28 nov. 2016.

[56] Apesar de a Lei das Sociedades por Ações estabelecer, expressamente, que não são necessárias quaisquer formalidades para a constituição de uma sociedade em conta de participação, atualmente, estas são obrigadas a se inscreverem perante o Cadastro Nacional de Pessoas Jurídicas da Receita Federal (art. 4º, XVII da IN RFB n. 1634/2016). Conforme: BRASIL. Instrução Normativa RFB n. 1634, de 06 de maio de 2016. Dispõe sobre o Cadastro Nacional da Pessoa Jurídica (CNPJ). Brasília, DF: DOU, 09 de maio 2016. Disponível em: <http://normas.receita.fazenda.gov.br/sijut2consulta/link.action?idAto=73658>. Acesso em: 28 fev. 2017.

[57] Para compreender melhor a controvérsia existente com relação à natureza jurídica das sociedades em conta de participação, ver EIZIRIK, Nelson. **Direito societário**: estudos e pareceres. São Paulo: Quartier Latin, 2015. p. 748.

Além disso, nos Consórcios as atividades serão desenvolvidas pelas partes em regime de cooperação, nos termos estabelecidos no contrato de constituição. Por outro lado, nas sociedades em conta de participação, apenas o sócio ostensivo será responsável pela execução das atividades.

Nelson Eizirik[58], ao comparar os dois institutos, ensina que:

> Também não se confunde o Consórcio com a sociedade em conta de participação, ainda que ambos originem-se de um contrato e sejam desprovidos de personalidade jurídica. Com efeito, enquanto o contrato de Consórcio tem por objeto a consecução de determinado empreendimento por todas as consorciadas, na sociedade em conta de participação as atividades são exercidas unicamente pelo sócio ostensivo, com a utilização dos recursos aportados pelo sócio oculto. Ademais, o Consórcio origina-se de um contrato de conhecimento público, dado o seu arquivamento no Registro Público de Empresas Mercantis, enquanto a sociedade em conta de participação é constituída sem qualquer formalidade ou publicidade, amparando-se muitas vezes em contrato sigiloso e/ou não escrito.

José Waldecy Lucena[59] aponta que a sociedade em conta de participação é o instituto que mais se aproxima dos Consórcios, "com a diferença de que o *Consórcio* torna todos os participantes ostensivos".

Com relação às semelhanças entre os Consórcios e as sociedades em conta de participação, destacam-se os seguintes: (i) ambas podem ter por objeto um empreendimento determinado, porém, a sociedade em conta de participação poderá ser utilizada para a prática de negócios em geral; (ii) a participação nos resultados é definida contratualmente, não estando necessariamente ao valor dos aportes efetuados por cada uma das partes; (iii) ambas devem ser constituídas segundo os requisitos previstos na lei, sob pena de serem consideradas sociedades de fato; (iv) ausência de personalidade jurídica e patrimonial[60].

---

[58] EIZIRIK, Nelson. **A lei das S/A comentada**. São Paulo: Quartier Latin, 2011. p. 558, v. III.
[59] LUCENA, José Waldecy. **Das sociedades anônimas**: comentários à lei (arts. 189 a 300). Rio de Janeiro: Renovar, 2012. p. 1093, v. 3.
[60] Conforme: RAMIRES, Rogério. **A sociedade em conta de participação no direito brasileiro**. 2. ed. São Paulo: Almedina, 2013. p. 148.

1. O CONSÓRCIO DE EMPRESAS

Sendo assim, apesar de compartilharem algumas características em comum, os Consórcios não se confundem com as sociedades em conta de participação.

d) Consórcio e Cooperativa

As sociedades cooperativas, previstas nos artigos 1.094 e seguintes do Código Civil[61], possuem como uma de suas características principais o caráter mutualista, segundo o qual as suas atividades visam, primordialmente, à satisfação dos interesses e necessidades dos próprios cooperados.

As atividades desenvolvidas pelas cooperativas, via de regra, não são dirigidas ao mercado, mas sim aos próprios cooperados, não tendo assim sequer fim lucrativo[62].

Por outro lado, nos Consórcios, as atividades desenvolvidas visam à consecução de determinado empreendimento, em geral contratado por um terceiro.

Nessa linha, Pontes de Miranda[63] detalha as principais distinções entre os Consórcios e as Cooperativas:

> A estrutura do Consórcio afasta-o da figura jurídica das sociedades cooperativas: nas sociedades cooperativas, a atividade da empresa é criada pela sociedade, que se constitui para a cooperação, para a operação em comum, mas praticada pela sociedade mesma; nos Consórcios, a atividade comum das empresas consorciadas já existia, cada uma exerce a sua, sem vinculações, e o que se torna comum, verdadeiramente, é o resultado, o interesse comum, que a consorciada teve por fito.

Portanto, os Consórcios não se confundem com as cooperativas, na medida em que estas, via de regra, visam à satisfação das necessidades

---

[61] BRASIL. Lei n. 10.406, de 10 de janeiro de 2002. Institui o Código Civil. Palácio do Planalto Presidência da República, Brasília, DF, 10 de janeiro de 2002. Disponível em: <http://www.planalto.gov.br/ccivil_03/leis/2002/L10406.htm>. Acesso em: 28 nov. 2016.

[62] Sobre as cooperativas, *vide* LEÃES, Luiz Gastão Paes de Barros. Contrato de Consórcio. In: _____. **Pareceres**. São Paulo: Editora Singular, 2004. p. 532, v. 1.

[63] PONTES DE MIRANDA, Francisco Cavalcanti. **Tratado de direito privado**: parte especial. Direito das obrigações sociedade por ações (continuação). Sociedade em comandita por ações. Controle das sociedades. Sociedades de investimento, de crédito e de financiamento. São Paulo: Editora Revista dos Tribunais, 2012. p. 316, t. 51.

dos próprios cooperados, enquanto nos Consórcios o seu objetivo principal é a satisfação de interesses de terceiros.

e) Consórcio e Aliança Estratégica

Alianças estratégicas são parcerias entre empresas, que visam aumentar suas vantagens competitivas. Tais parcerias podem ocorrer por meio de inúmeras formatações jurídicas, mais ou menos vinculantes.

Existem alianças estratégicas em que o nível de comprometimento entre as empresas é baixo, atuando elas apenas com base na confiança mútua. Quando querem estreitar mais seus vínculos, as empresas celebram contratos cooperativos, que podem variar em sua forma e conteúdo, sendo comum, todavia, a formação de consórcios ou *joint ventures* contratuais, em que as partes se comprometem a colaborar para o desenvolvimento de um empreendimento específico. Em sua forma mais estruturada e vinculante, as alianças estratégicas podem envolver a aquisição de participações societárias, fusões e incorporações de outras empresas.

Nesse sentido, Wanderley Fernandes e Caio Farah Rodrigues[64] apontam que:

> Considerando tratar-se a aliança estratégica, em geral, de contrato-quadro, é possível, ainda, que, quando celebram um contrato com terceiros, as empresas vinculadas pela aliança estratégica venham a constituir um Consórcio (nos termos dos arts. 278 e 279 da Lei n. 6.404/76) para a execução de empreendimento determinado de interesse de terceiro. Vê-se, portanto, que o acordo geral não se confunde com o acordo específico para determinado negócio que se formaliza mediante a constituição de um Consórcio. A "aliança" estipulada entre partes não se restringe ao empreendimento determinado, mas serve para regular os negócios celebrados conjuntamente em determinado mercado, sendo os diferentes Consórcios negócios derivados daquele.
>
> O acordo de aliança estratégica, no entanto, não traz, propriamente, novidade, uma vez que se instrumentaliza, em geral, por intermédio de figuras

---

[64] FERNANDES, Wanderley; RODRIGUEZ, Caio Farah. Aspectos contratuais da "aliança" em empreendimentos de infraestrutura. In: FERNANDES, Wanderley (Org.). **Contratos empresariais**: contratos de organização da atividade econômica. São Paulo: Saraiva, 2011. p. 139.

jurídica ou socialmente típicas para associação empresarial (sociedade, Consórcio, contratos-quadro para exploração de mercado etc.).

Sendo assim, as alianças estratégicas são contratos cooperativos, nos quais as partes visam a um mesmo fim, podendo, ou não, existir, entre eles, a formação de uma estrutura de cooperação sob a forma de Consórcio.

f) Consórcio e Grupo de Sociedades

Muito se fala a respeito da comparação entre os Consórcios e os grupos de sociedades. Na realidade, muitos inclusive entendem ser o Consórcio uma espécie de grupo de sociedades – um grupo de coordenação, como se passa a demonstrar.

No Brasil, tanto os grupos de sociedades como os Consórcios vieram a ser efetivamente regulados em 1976, com a edição da Lei das Sociedades por Ações, a qual teve por objetivo principal permitir a formação de grandes conglomerados econômicos nacionais, que pudessem competir com as empresas estrangeiras[65].

Trata-se de formas de agrupamento de sociedades previstas na Lei das Sociedades por Ações, nas quais se verifica ampla colaboração entre as empresas, sendo que a grande diferença entre um e outro reside no fato de, nos grupos de sociedades, existir uma relação de subordinação e controle, o que não se verifica nos Consórcios. Por essa razão, os grupos de sociedades são conhecidos como grupos de subordinação e os Consórcios, como grupos de coordenação.

Tanto os grupos de sociedades como os Consórcios podem ser entendidos como um fenômeno de concentração econômica empresarial, nos quais não há uma alteração radical das estruturas societárias dos envolvidos, tal como ocorre nas demais operações de concentração econômica, a saber: fusão, cisão, incorporação e transformação[66].

---

[65] Sobre o histórico da criação dos grupos societários, ver PRADO, Viviane Muller. Grupos Societários: análise do modelo da Lei n. 6.404/1976. **Revista Direito GV**, São Paulo, v. 1, n. 2, p. 005-028, jun. 2005. Disponível em: <http://bibliotecadigital.fgv.br/dspace/bitstream/handle/10438/9651/Viviane Muller Prado.pdf?sequence>. Acesso em: 15 out. 2016.

[66] A respeito do fenômeno da concentração de empresas, ver monografia de Mauro Rodrigues Penteado. Conforme: PENTEADO, Mauro Rodrigues. **Consórcio de empresas**. São Paulo: Pioneira, 1979. p. 4.

Eduardo Secchi Munhoz[67] explica que uma das principais características dos grupos de sociedades é a sua *diversidade jurídica* unida à *unidade econômica*, ou seja, há uma "separação entre a *sociedade* e a *empresa*, surgindo a chamada *empresa plurissocietária*, cujas antecessoras históricas foram a *empresa individual* (direito do comerciante individual) e a *empresa societária* (direito das sociedades comerciais)".

Assim, existem, nos grupos societários, diversas sociedades unidas em torno de uma atividade empresarial única. Com base nesse fundamento, o referido autor continua seu raciocínio, esclarecendo que, para que seja possível a criação de um grupo, é necessário um poder que defina a orientação empresarial a ser seguida, o que caracteriza o conceito de *direção unitária*, presente em todos os grupos de sociedades, em maior ou menor grau[68].

A direção unitária, por sua vez, não se confunde com a noção de poder de controle, uma vez que naquela não há, necessariamente, o poder de orientar a direção das atividades a serem seguidas pelas empresas e tampouco há a possibilidade de indicação da maioria dos seus administradores.

O poder de controle pode ser considerado uma espécie do gênero da direção unitária e está presente apenas nos grupos de subordinação.

Por outro lado, existem situações em que as empresas se agrupam sem que se verifique entre elas uma relação de controle e subordinação, havendo apenas um interesse comum – é o que ocorre nos grupos de coordenação ou Consórcios. Nesse sentido, Eduardo Secchi Munhoz[69] esclarece que:

> Daí se afirmar que o poder de controle é o elemento unificador dos chamados grupos de subordinação, nos quais as sociedades se encontram em situação total de sujeição a uma vontade, a um interesse externos. Há, de outro lado, os chamados grupos de coordenação, nos quais a relação entre as sociedades não é de sujeição, mas sim de cooperação, pressupondo, porém, tanto quanto o grupo de subordinação, uma direção geral mínima.

---

[67] MUNHOZ, Eduardo Secchi. **Empresa contemporânea e o direito societário.** São Paulo: Editora Juarez de Oliveira, 2002. p. 92.

[68] MUNHOZ, Eduardo Secchi. **Empresa contemporânea e o direito societário.** São Paulo: Editora Juarez de Oliveira, 2002. p. 111.

[69] MUNHOZ, Eduardo Secchi. **Empresa contemporânea e o direito societário.** São Paulo: Editora Juarez de Oliveira, 2002. p. 112.

Vale dizer, no grupo de coordenação, não há poder de controle, mas há direção unitária. Com os grupos de coordenação não se confundem, por sua vez, os cartéis, justamente porque nestes não existe uma orientação administrativa comum, permanecendo as sociedades como entes economicamente independentes.

Pode-se dizer assim que, para a existência de um grupo de sociedades, é necessária uma coordenação mínima entre as empresas, que permita a orientação das suas atividades com vistas a um mesmo fim, podendo ou não se verificar o poder de controle de uma sobre as demais.

Como dito acima, nos grupos de subordinação, uma das empresas – a controladora – tem o poder de definir a orientação das atividades das demais sociedades que fazem parte do grupo, este é o seu elemento característico e unificador. Por outro lado, nos grupos de coordenação – os Consórcios – não se verifica, necessariamente, uma relação de controle entre os integrantes do grupo, mas sim uma colaboração intensa entre eles e uma organização capaz de orientar as atividades das empresas com vistas à execução do empreendimento objeto do Consórcio.

Percebe-se assim que, mesmo nos grupos de coordenação, há certo grau de dependência econômica entre as empresas, pois, do contrário, não teriam elas se associado em torno de um fim comum.

Para José Waldecy Lucena[70], a diferença entre os grupos de coordenação e os grupos de subordinação está, efetivamente, no poder de controle existente nestes últimos:

> Realmente, se o *grupo de sociedades* se forma entre a sociedade controladora e suas controladas, em que estas se *subordinam* àquela, para a realização do fim convencionalmente visado (arts. 265 e 276), já o *Consórcio* se constitui entre sociedades sob o mesmo controle ou não, sem que haja qualquer vínculo de *subordinação* entre as consorciadas, que apenas agem *coordenadamente* na consecução do fim convencionado (art. 278). Tanto que o Código das Sociedades Comerciais português o chama de *contrato de grupo paritário* (cf. art. 492º e título da Seção II).

---

[70] LUCENA, José Waldecy. **Das sociedades anônimas**: comentários à lei (arts. 189 a 300). Rio de Janeiro: Renovar, 2012. p. 1086, v. 3.

PREVENÇÃO E SOLUÇÃO DE CONFLITOS EM CONSÓRCIOS EMPRESARIAIS

Para os que entendem não serem os Consórcios grupos de sociedades, tal dependência econômica seria tão mínima que não teria o condão de caracterizar tais associações como grupos empresariais, todavia, na medida em que existe alto grau de coordenação e cooperação entre as empresas consorciadas, existindo, inclusive, uma estrutura própria de decisão e administração das atividades, entende-se que são os Consórcios grupos de coordenação.

Nos grupos societários, sejam eles de subordinação ou de coordenação, para que seja possível o desenvolvimento dos negócios de forma ordenada e organizada, é comum a criação de órgãos de administração únicos, que serão responsáveis pela direção unitária das atividades empresariais.

É possível classificar os grupos de sociedades, sejam eles de coordenação ou de subordinação, em grupos centralizados e descentralizados, a depender de como está estruturado seu processo decisório. Sempre que houver o comprometimento da autonomia das sociedades que integram o grupo, em desfavor deste, o qual terá poderes para decidir grande parte das questões empresariais, ter-se-á um grupo centralizado. Isso ocorre sempre que decisões estratégicas, relativas, principalmente, a questões financeiras, comerciais e administrativas, deixam de ser tomadas pelas sociedades que compõem o grupo, e as são pelos administradores deste.

Ao revés, quando, nos grupos de sociedades, verifica-se que as empresas mantêm alto grau de independência para a tomada das decisões empresariais, ter-se-á um grupo descentralizado.

É interessante notar que não necessariamente um grupo de subordinação será centralizado e um grupo de coordenação será descentralizado. É possível que ocorra justamente o contrário, ou seja, um grupo de subordinação descentralizado e um grupo de coordenação altamente centralizado[71].

Os grupos de subordinação, que são aqueles regulados pelo Capítulo XXI da Lei das Sociedades por Ações, possuem regras específicas a respeito de sua constituição, administração, dentre outros, as quais, em sua maioria, não se aplicam aos grupos de coordenação, previstos no Capítulo seguinte da mesma lei.

---

[71] Conforme: MUNHOZ, Eduardo Secchi. **Empresa contemporânea e o direito societário.** São Paulo: Editora Juarez de Oliveira, 2002. p. 121.

1. O CONSÓRCIO DE EMPRESAS

Além disso, para que se aplique o regramento dos artigos 265 e seguintes da Lei das Sociedades por Ações, deve o grupo ter sido regularmente constituído e registrado, caracterizando-se, assim, como um grupo de direito. Isso, pois, para as empresas que atuam sob a forma de grupos, porém, sem o devido registro – os grupos de fato –, aplicam-se as regras de sociedades coligadas, previstas tanto na Lei das Sociedades por Ações como também no Código Civil.

Tanto nos grupos de subordinação, como nos grupos de coordenação, está presente o requisito da cooperação, pois devem as partes combinar recursos ou esforços para a consecução de um fim comum.

Sobre a cooperação entre as sociedades em um grupo de direito, destaca-se o entendimento de Nelson Eizirik[72]:

> As sociedades que compõem um grupo de direito formam uma verdadeira unidade econômica, reconhecida pelo ordenamento jurídico, na medida em que, por meio da convenção e com o objetivo de viabilizar a consecução do interesse geral, abrem mão de sua individualidade estratégica e administrativa, submetendo-se à direção centralizada do grupo. A Lei das S.A. admite, inclusive, que a administração do grupo adote, legitimamente, medidas contrárias aos interesses específicos de cada companhia que o integra, favorecendo, em prol do interesse geral, determinadas convenentes em prejuízo de outras (artigo 273).

Outra característica comum aos grupos de sociedades e aos Consórcios é que nenhum deles possui personalidade jurídica, constituindo-se apenas como contratos de colaboração entre empresas. As sociedades que participam tanto dos grupos de subordinação como dos grupos de cooperação mantêm suas autonomias próprias.

Como regra, também não há solidariedade entre as empresas integrantes dos grupos econômicos, sejam eles de subordinação ou de cooperação. Em ambos os casos, deve o instrumento jurídico que os constituir (convenção grupal ou termo de constituição do Consórcio) estabelecer os limites das responsabilidades das empresas na parceria.

Entretanto, apesar da independência jurídica entre as empresas integrantes de grupos societários, é importante destacar que, para a justiça trabalhista, independentemente do que constar dos atos constitutivos,

---

[72] EIZIRIK, Nelson. **A lei das S/A comentada.** São Paulo: Quartier Latin, 2011. p. 521, v. III.

sempre haverá solidariedade entre as partes, como forma de proteção ao trabalhador.

Nos grupos de subordinação, e apenas nestes, é possível que a controladora determine os interesses do grupo, ainda que isso signifique prejuízo a um de seus membros. Isso se dá, pois, nesses grupos a noção de colaboração é tão intensa que alguns autores chegam a dizer que, em tais situações, verifica-se a criação de uma nova organização plurissocietária[73].

Trata-se, assim, de uma exceção ao disposto no artigo 245 da Lei das Sociedades por Ações, segundo o qual é vedado aos administradores favorecer sociedade coligada, controladora ou controlada, em desfavor da companhia que estes representem.

Dessa forma, por se tratar de uma exceção à regra geral, entende-se que não é possível aplicar aos Consórcios tais princípios, ou seja, ainda que existam, no âmbito dos Consórcios, sociedades coligadas, controladoras ou controladas, não será aceitável qualquer disposição no contrato de constituição do Consórcio que implique prejuízo a qualquer das consorciadas para favorecimento do Consórcio ou de outra consorciada. Esse inclusive é o entendimento de Fran Martins[74]:

> No caso de o Consórcio ser formado por uma sociedade com sociedades controladas, o grupamento não se confunde com um *grupo de sociedades*, porque, neste, pela convenção firmada entre todas, as sociedades se obrigam a "combinar recursos ou esforços para a realização dos respectivos objetos, ou a participar de atividades ou empreendimentos comuns" (art. 265), enquanto que no Consórcio "as consorciadas somente se obrigam nas condições previstas no respectivo contrato, respondendo cada um por suas obrigações", que serão obrigações individuais de cada sociedade e não obrigações comuns a todas elas, como acontece nos grupos societários. Neste caso, para distinguir os dois grupos societários, tem papel preponderante o que dispõe o ato regulador, convenção ou contrato.

---

[73] Conforme: PRADO, Viviane Muller. Grupos Societários: análise do modelo da Lei 6.404/1976. **Revista Direito GV**, São Paulo, v. 1, n. 2, p. 005-028, jun. 2005. Disponível em: <http://bibliotecadigital.fgv.br/dspace/bitstream/handle/10438/9651/Viviane Muller Prado.pdf?sequence>. Acesso em: 15 out. 2016.

[74] MARTINS, Fran. **Comentários à Lei das sociedades anônimas**. 4. ed. Revista e atualizada por Roberto Papini. Rio de Janeiro: Forense, 2010. p. 1143.

No mesmo sentido é a lição de Modesto Carvalhosa[75]:

> Ademais, a *business judgment rule* das administrações das convenentes nos contratos de subordinação fica vinculada às normas e às resoluções emanadas da direção do grupo (arts. 272 e 276).
>
> Já na relação de *coordenação*, não há vinculação ou subordinação das atividades empresariais à direção do Consórcio, mantendo as sociedades consorciadas absoluta autonomia. Criam elas, assim, a comunhão de interesses fundada na autonomia absoluta de cada uma com respeito às suas atividades e administração, não obstante estarem sob controle acionário único.

Sendo assim, pode-se dizer que, nos Consórcios, não é possível a sujeição dos interesses de uma das consorciadas aos interesses do Consórcio e vice-versa, sob pena de o administrador ter que responder perante a companhia pelas perdas e danos resultantes de atos praticados com infração ao disposto no artigo 245 da Lei das Sociedades por Ações.

g) *Consórcio e Cartel*

A última comparação que se faz necessária para completar este capítulo é entre os institutos do Consórcio e do cartel.

Tanto no cartel como no Consórcio, as empresas se unem de forma a colaborar entre si, para aumentar sua competitividade, mantendo sua autonomia. José Waldecy Lucena[76] apresenta a evolução histórica dos referidos institutos:

> Inicialmente, o conceito do *Consórcio* era o mesmo de *cartel*, ou seja, voltados ambos para a disciplina da concorrência entre empresas da mesma espécie, em que cada uma delas conservava a sua autonomia jurídica, administrativa e patrimonial.
>
> Com o tempo, o *Consórcio* foi-se distanciando do *cartel*, já que enquanto este permanecia restrito à imposição de limites ou modos de atuação à concorrência empresarial, aquele passou a ter novas funções, entre as quais a

---

[75] Carvalhosa, Modesto. **Comentários à Lei das Sociedades Anônimas**: arts. 243 a 300 da Lei 6.404, de 15 de dezembro de 1976, com as modificações da Lei n. 11.941, de 27 de maio de 2009 4. ed. São Paulo: Saraiva, 2011. p. 436, 4º v., t. II.

[76] Lucena, José Waldecy. **Das sociedades anônimas: comentários à lei** (arts. 189 a 300). Rio de Janeiro: Renovar, 2012. p. 1094, v. 3.

formação de grupos de coordenação entre sociedades, sob organização comum, visando o benefício das consorciadas.

Pode-se dizer que os cartéis são atividades ilícitas que buscam reduzir ou eliminar a concorrência. Nesse sentido, nos termos da Lei n. 1.521/ /1951, constitui crime contra a economia popular, punível com pena de detenção, de 2 (dois) anos a 10 (dez) anos, e multa, "promover ou participar de Consórcio, convênio, ajuste, aliança ou fusão de capitais, com o fim de impedir ou dificultar, para o efeito de aumento arbitrário de lucros, a concorrência em matéria de produção, transportes ou comércio".

Na mesma linha, Modesto Carvalhosa[77]:

> Caracterizam-se os cartéis ilícitos pela sua finalidade de entrave ou eliminação da concorrência. Sua dinâmica processa-se, num primeiro momento, pela elevação dos preços no mercado ao patamar monopolístico. Em seguida, movimenta-se no sentido da supressão (canibalização) das empresas do ramo não integrantes do grupo consorciado, a fim de impedir a baixa desses preços, que, pela atividade consorcial, tornaram-se não concorrenciais. Identifica-se a ilicitude de um cartel consorcial pela verificação de que os preços cartelizados não prevaleceriam no regime de livre concorrência.

Os cartéis, em geral, não visam ao atingimento de um empreendimento específico, mas sim de um mercado como um todo.

No Brasil, o Sistema Brasileiro de Defesa da Concorrência – SBDC é responsável pela prevenção e repressão às infrações contra a ordem econômica, sendo o Conselho Administrativo de Defesa Econômica – CADE a entidade judicante com jurisdição em todo o território nacional, responsável pela aplicação e cumprimento das leis de repressão a infrações à ordem econômica, bem como aplicação das penalidades cabíveis.

Sendo assim, a Lei n. 12.529/2011 prevê que todos os atos que impliquem potencial prejuízo à livre concorrência ou dominação de mercados relevantes devem ser previamente submetidos à avaliação e apreciação do CADE.

---

[77] CARVALHOSA, Modesto. **Comentários à Lei das Sociedades Anônimas**: arts. 243 a 300 da Lei 6.404, de 15 de dezembro de 1976, com as modificações da Lei n. 11.941, de 27 de maio de 2009. 4. ed. São Paulo: Saraiva, 2011. p. 443, 4º v., t. II.

Igualmente, a Lei n. 8.137/1990 tipifica como crime contra a ordem econômica, com pena de reclusão, de 2 (dois) a 5 (cinco) anos e multa, o acordo, convênio, ajuste ou aliança entre empresas que tenha por finalidade: (i) o abuso do seu poder econômico, objetivando a dominação do mercado ou a eliminação, total ou parcial, da concorrência, bem como (ii) a fixação artificial de preços ou quantidades; (iii) o controle regionalizado do mercado; (iv) o controle da rede de distribuição ou de fornecedores, em detrimento da concorrência[78].

Os Consórcios, como modalidades de monopólios, sempre que não forem destinados às licitações promovidas pela administração pública direta e indireta e aos contratos delas decorrentes, poderão estar sujeitos à prévia análise do CADE[79].

Mais uma vez, Modesto Carvalhosa[80] apresenta, de forma clara, a distinção entre Consórcios e cartéis ilícitos:

> O Consórcio constitui a principal modalidade de *cartelização* de atividades setoriais. Diferentemente dos monopólios individuais – trustes –, o Consórcio pode objetivar a constituição de um monopólio *coletivo*. Este se constitui pela regulamentação associativa da *conduta* mercadológica de empresas até então concorrentes.

Portanto, cartéis não se confundem com Consórcios, na medida em que aqueles são formas ilícitas de associação, enquanto estes são plenamente admitidos pela legislação brasileira.

Feitas essas considerações e distinções, pode-se concluir que os Consórcios são, portanto, contratos empresariais de colaboração, que não criam uma nova pessoa jurídica distinta das consorciadas.

---

[78] BRASIL. Lei n. 8137, de 27 de dezembro de 1990. Brasília, Disponível em: <https://www.planalto.gov.br/ccivil_03/leis/L8137.htm>. Acesso em: 16 jan. 2017.

[79] Somente estão sujeitos à análise prévia do CADE os Consórcios que preencherem os requisitos do art. 88 da Lei n. 12.529/11 e da Portaria Interministerial n. 994, de 30 de maio de 2012.

[80] CARVALHOSA, Modesto. **Comentários à Lei das Sociedades Anônimas**: arts. 243 a 300 da Lei 6.404, de 15 de dezembro de 1976, com as modificações da Lei n. 11.941, de 27 de maio de 2009. 4. ed. São Paulo: Saraiva, 2011. p. 441, 4º v., t. II.

1.3 Classificação do Contrato de Consórcio

Com base no entendimento de que o Consórcio se constitui mediante contrato, é necessário identificar em quais categorias este tipo contratual se enquadra, visando aprender mais sobre tal instituto, bem como a fim de identificar suas características e traços peculiares e de maneira a formar expectativas em relação às demais figuras jurídicas[81].

Nesse sentido, Sílvio Venosa[82] explica que "a classificação dos contratos, portanto, serve para posicionar corretamente o negócio jurídico no âmbito do exame de seu adimplemento e inadimplemento, questão crucial para o jurista".

As classificações aplicáveis aos contratos procuram identificar as suas funções econômicas, bem como as suas características essenciais, pois, a depender da modalidade em análise, distintas serão as consequências com relação à sua interpretação e aplicação.

Sendo assim, em um primeiro momento, o contrato de Consórcio será analisado e classificado segundo os critérios gerais aplicáveis a todos os tipos de negócios jurídicos e, na sequência, serão demonstradas as categorias aplicáveis exclusivamente aos contratos empresariais.

Com relação ao número de partes, o contrato de Consórcio é do tipo plurilateral, na medida em que permite a participação de mais de duas partes, que serão titulares de direitos e obrigações com relação a todas as demais.

Evidentemente, é possível a participação de apenas 2 (duas) consorciadas em um Consórcio empresarial, porém, isso não faz dele um contrato bilateral. Uma das principais características dos Consórcios é a admissibilidade de uma pluralidade de partes, as quais buscam os mesmos fins, de maneira a não ser possível agrupá-las em 2 (dois) polos de interesse distintos – característica dos contratos bilaterais. De maneira diversa, nos contratos bilaterais as partes encontram-se em posições opostas, com interesses diversos.

Utilizando-se das palavras de Tullio Ascarelli[83], pode-se dizer que, no contrato de Consórcio, as consorciadas "se acham como dispostas em

---

[81] Conforme: FORGIONI, Paula A. **Contratos empresariais**: teoria geral e aplicação. 2. ed. rev., atual. e ampl. São Paulo: Editora Revista dos Tribunais, 2016. p. 46.

[82] VENOSA, Sílvio de Salvo. **Direito Civil**: contratos. 17. ed. São Paulo: Atlas, 2017. p. 38.

[83] ASCARELLI, Tullio. **Problemas das sociedades anônimas e direito comparado**. Campinas: Bookseller, 1999. p. 390.

círculo; nos demais contratos, ao contrário, cada uma das (duas) partes se acha num dos extremos de uma linha". Ou seja, isso quer dizer que, nos Consórcios identifica-se um interesse comum por parte das consorciadas, que se caracteriza pela execução do empreendimento.

Pontes de Miranda[84] explica que, sendo um contrato plurilateral "[...] o Consórcio supõe dois figurantes ou mais, que se vinculem, conforme o conceito de Consórcio. As prestações não são correspectivas, mesmo se são só dois os figurantes".

Nesse sentido, por se tratar de um Consórcio plurilateral, não há que se falar em prestações de parte a parte, na medida em que todas as consorciadas se associam com vistas a um fim comum, o qual deve ser por todas perseguido, dentro de um clima de cooperação e boa-fé.

Nos contratos plurilaterais, o escopo do contrato é essencial ao relacionamento ulterior das partes, ou seja, é justamente ele quem determina os limites dos direitos e obrigações das partes na relação contratual.

A finalidade do Consórcio há de ser perseguida por todas as consorciadas, observadas as responsabilidades e obrigações atribuídas a cada uma delas no instrumento de constituição do Consórcio. Como contrato plurilateral que é, o Consórcio se volta a uma causa específica, que é a execução do empreendimento determinado, sendo isso que o diferencia dos contratos bilaterais, nos quais a finalidade precípua é a troca. Nos contratos plurilaterais, não se pode falar em troca, mas sim em cooperação e colaboração.

Nesse sentido, Fabiana Carsoni Alves Fernandes da Silva[85] explica que:

> Nos Consórcios, a rigor, não há bilateralidade, característica de muitos contratos, notadamente aqueles marcados pela relação de troca entre as partes, como a compra e venda. Não há bilateralidade, na medida em que as consorciadas não se obrigam a prestações opostas. Na verdade suas obrigações são plúrimas convergentes, o que distingue o contrato de Consórcio dos contratos bilaterais, que têm correspectividade. Realmente, nos Con-

---

[84] PONTES DE MIRANDA, Francisco Cavalcanti. **Tratado de direito privado**: parte especial: Direito das obrigações sociedade por ações (continuação). Sociedade em comandita por ações. Controle das sociedades. Sociedades de investimento, de crédito e de financiamento. São Paulo: Editora Revista dos Tribunais, 2012. 573 p. p. 334, t. 51.

[85] SILVA, Fabiana Carsoni Alves Fernandes da. **Consórcios de Empresas**: Aspectos Jurídicos Relevantes. São Paulo: Quartier Latin, 2015. p. 57.

sórcios, as partes agem em colaboração e congregam recursos, atividades e esforços, vinculando-se a prestações destinadas ao **fim comum**, que é a consecução do empreendimento. Daí porque há, nesses contratos, prestações convergentes, além de comunhão de escopo; não há troca, já que a **prestação** de uma consorciada não corresponde ou equivale à **contraprestação** de outra consorciada, diferentemente do que ocorre nos contratos bilaterais.

Utilizando as palavras de Tullio Ascarelli[86], em um Consórcio "cada parte, pois, tem obrigações, não para com 'uma' outra, mas para com 'todas' as outras; adquire direitos, não para com 'uma' outra, mas para com 'todas' as outras".

Como consequência de serem classificados como contratos plurilaterais, não se aplica aos consórcios a exceção do contrato não cumprido, de maneira que, nas palavras de Sílvio Venosa[87]: "o descumprimento por uma das partes não autorizará, como regra geral, a paralisação do cumprimento pelas demais, a não ser que diga respeito à própria razão de ser do negócio". Além disso, também é possível dizer que, por serem contratos plurilaterais, nos consórcios, o vício ou defeito verificado com relação a uma das partes, em geral, não afeta as demais.

Quanto à tipicidade, os contratos de Consórcio são considerados típicos, uma vez que estejam devidamente regulados pela Lei das Sociedades por Ações, em seus artigos 278 e 279. Como adiantado acima, não há contrato de Consórcio atípico, na medida em que a falta dos seus requisitos legais importa na descaracterização do instrumento.

Com relação ao momento em que se aperfeiçoam, pode-se dizer que os Consórcios constituem contratos consensuais, ou seja, basta a manifestação da vontade das partes para que o instrumento gere efeitos.

No tocante à sua autonomia, a existência de um Consórcio independe de qualquer outro negócio jurídico, constituindo-se assim como um contrato principal. Ainda que vise a consecução de um empreendimento determinado, não se pode dizer que o Consórcio seja acessório a um negócio principal, visto que um não prescinde do outro para surtir efeitos.

---

[86] ASCARELLI, Tullio. **Problemas das sociedades anônimas e direito comparado**. Campinas: Bookseller, 1999. p. 389.

[87] VENOSA, Sílvio de Salvo. **Direito Civil**: contratos. 17. ed. São Paulo: Atlas, 2017. p. 53.

Nesse sentido, é muito comum que, em contratos administrativos para a construção de obras públicas, os editais exijam que o prazo de duração dos contratos de Consórcio seja, no mínimo, 180 (cento e oitenta) dias superior ao prazo de duração do contrato administrativo. Isso, pois, durante esse período, é possível que surjam problemas que impliquem refazimentos e reparos, sendo necessário que o cliente acione o Consórcio, que terá a responsabilidade de promover as devidas correções.

Com relação à forma de adimplemento no tempo, pode-se dizer que os Consórcios são contratos de duração, ou seja, protraem-se ao longo de um determinado período, no qual a relação das partes irá se desenvolver. Segundo Tullio Ascarelli[88], os Consórcios "apresentam-se, pois, necessariamente e sempre, como contratos de execução continuada e, portanto, estão sempre sujeitos às normas próprias desta categoria de contratos".

Essa classificação é importante, pois é justamente durante a execução das obrigações contratadas que poderão surgir fatos que alterem ou até mesmo impeçam o seu adimplemento, tal como inicialmente previsto, o que será fator de insegurança e, portanto, passível de gerar um desentendimento entre as partes.

Além disso, segundo Sílvio Venosa[89], no caso de resolução de um contrato de duração, os efeitos já produzidos até a data da extinção do vínculo não devem ser atingidos.

Outra classificação que importa ao presente trabalho é aquela que trata dos contratos únicos e contratos coligados.

Os contratos únicos são aqueles em que estão presentes as seguintes características: (i) o tipo contratual contém todas as prestações contidas no negócio; (ii) os interesses envolvidos são indissociáveis e referem-se à "operação econômica subjacente como um todo"; e (iii) compatibilidade entre as prestações ou unidade de contraprestações[90].

Por outro lado, sempre que os contratos, ainda que disponham de autonomia própria, objetivem a um mesmo fim, estar-se-á diante de

---

[88] ASCARELLI, Tullio. **Problemas das sociedades anônimas e direito comparado**. Campinas: Bookseller, 1999. p. 390.

[89] VENOSA, Sílvio de Salvo. **Direito Civil**: contratos. 17. ed. São Paulo: Atlas, 2017. p. 53.

[90] Conforme: MARINO, Francisco Paulo de Crescenzo. **Contratos coligados no direito brasileiro**. São Paulo: Saraiva, 2009. p. 119.

contratos coligados[91]. A coligação entre os contratos pode decorrer da lei, de disposição contratual expressa ou da própria dependência existencial entre eles.

Contratos coligados são muito comuns em *Project Finances*, nos quais se verifica a presença de um contrato de sociedade, mediante a constituição de uma sociedade de propósito específico (SPE), a qual, por sua vez, celebra inúmeros acordos, tais como contrato de financiamento, contrato de construção, contratos de operação, dentre outros, todos estes voltados à execução de um empreendimento especial.

Nesses casos, percebe-se que, com a extinção do contrato principal, que é aquele que visa ao desenvolvimento do empreendimento objeto da SPE, todos os demais perdem seu sentido e utilidade. Nas palavras do professor José Virgílio Lopes Enei[92]:

> Os contratos coligados são, portanto, fruto da hipercomplexidade das relações sociais e econômicas da atualidade, bem como da crescente especialização das atividades e divisão de trabalho. Operações econômicas que outrora podiam ser concretizadas por um único contrato, fosse típico ou atípico, agora, em virtude da maior complexidade destas e do envolvimento de um maior número de partes, exigem a celebração de diversos contratos interligados.
>
> Os contratos coligados diferenciam-se assim dos contratos atípicos mistos na medida em que não correspondem a mera soma de prestações de natureza diversa a formar um único e particular contrato, mas à união de contratos que, embora preservando sua individualidade estrutural, comungam de uma mesma finalidade econômica.

Dessa forma, os contratos coligados representam a união de diversos contratos independentes, os quais podem ser típicos, atípicos ou mistos, bastando apenas que se prestem ao atingimento de um mesmo fim econômico.

---

[91] Conforme: GUERREIRO, José Alexandre Tavares. In: YARSHELL, Flávio Luiz; PEREIRA, Guilherme Setoguti J. (coords.). **Processo societário**. São Paulo: Quartier Latin, 2012. p. 375, v. I.

[92] ENEI, José Virgílio Lopes. **Project finance**: financiamento com foco em empreendimentos (parcerias público-privadas, leveraged buy-outs e outras figuras afins). São Paulo: Saraiva, 2007. p. 284.

No caso dos Consórcios, via de regra, estes fazem parte de uma rede de contratos coligados. Por exemplo, em uma licitação pública que tem por objeto a contratação de empreitada global, pode-se verificar, além do contrato administrativo e do contrato de constituição de Consórcio, contratos de trabalho, contratos de fornecimento, contratos de compra e venda de materiais, contratos de locação de equipamentos, dentre outros. Nesse exemplo, caso o contrato administrativo venha a ser resolvido pela Administração Pública, todos os demais contratos serão afetados, na medida em que as obras não mais serão necessárias.

Assim, a verificação de uma rede de contratos coligados é importante, pois, nesses casos, costuma-se dizer que há um abrandamento do princípio da relatividade dos contratos, segundo o qual o contrato faz lei somente entre as partes[93]. Na prática, em geral, todos os envolvidos na rede de contratos coligados têm noção do fim máximo a ser perseguido, motivo pelo qual não pode agir de forma a prejudicar tal interesse[94].

Na mesma linha, Paula Forgioni[95] esclarece que, ao se considerar uma rede de contratos como do tipo coligado, a interpretação contratual deve ser impactada pelo contexto, a globalidade e dinâmica de tal rede contratual.

Sílvio Venosa[96] aponta algumas das principais consequências de se caracterizar um contrato como conexo, a saber: "a) a nulidade de um dos negócios repercute nos outros; b) a resolução de um dos negócios comunica-se aos demais; c) a *exceptio non adimpleti contractus* pode ser oposta ainda quando as obrigações procedam de negócios diversos, havendo, evidentemente, união com dependência".

---

[93] Conforme: ENEI, José Virgílio Lopes. **Project finance**: financiamento com foco em empreendimentos (parcerias público-privadas, leveraged buy-outs e outras figuras afins). São Paulo: Saraiva, 2007. p. 294.

[94] Francisco Crescenzo Mariano explica que, na realidade, as consequências de se identificar a coligação entre contratos devem ser avaliadas caso a caso, pois estas dependerão exclusivamente da intensidade verificada na referida coligação. Conforme: MARINO, Francisco Paulo de Crescenso. **Contratos coligados no direito brasileiro**. São Paulo: Saraiva, 2009. p. 141.

[95] FORGIONI, Paula A. **Contratos empresariais**: teoria geral e aplicação. 2 ed. rev., atual. e ampl. São Paulo: Editora Revista dos Tribunais, 2016. p. 58.

[96] VENOSA, Sílvio de Salvo. **Direito Civil**: contratos. 17. ed. São Paulo: Atlas, 2017. p. 284.

PREVENÇÃO E SOLUÇÃO DE CONFLITOS EM CONSÓRCIOS EMPRESARIAIS

Para Francisco Crescenzo Mariano[97] as consequências da coligação contratual implicam: (i) interpretação conjunta dos contratos, devendo ser considerada a sua finalidade como um todo; (ii) alteração da qualificação contratual; (iii) derrogação do regime jurídico típico em relação ao seu tipo normal; (iv) plano da validade e eficácia, de maneira que, via de regra, a invalidade ou a ineficácia de um dos contratos conexos afeta os demais.

Portanto, nos Consórcios, é importante avaliar se estes estão contidos dentro de um contexto maior, que permita caracterizá-los como integrantes de uma rede de contratos coligados, a fim de se estabelecerem os critérios para a interpretação das relações jurídicas decorrentes de tal contrato.

Por último, com relação ao ramo do Direito que os estuda, são os Consórcios contratos empresariais. Segundo Paula Forgioni[98], o traço diferenciador dos contratos empresariais reside no "escopo de lucro de todas as partes envolvidas, que condiciona seu comportamento, sua 'vontade comum' e, portanto, a função econômica do negócio, imprimindo-lhe dinâmica diversa e peculiar".

No mesmo sentido, Kleber Luiz Zanchim[99] entende que os contratos empresariais são aqueles firmados entre empresários e cuja função seja a circulação de fatores de produção especiais ou de objetos de empresa.

Ainda, para Haroldo Malheiros Duclerc Verçosa[100]:

> [...] os contratos empresariais ou mercantis são aqueles nos quais uma das partes é um empresário (ou sociedade empresária) no exercício de sua atividade, conforme os termos dos arts. 966 e 982 do NCC, e a outra parte também é empresário ou pessoa não caracterizada como consumidor.

---

[97] MARINO, Francisco Paulo de Crescenzo. **Contratos coligados no direito brasileiro.** São Paulo: Saraiva, 2009. p. 145.

[98] FORGIONI, Paula A. **Contratos empresariais:** teoria geral e aplicação. 2. ed. rev., atual. e ampl. São Paulo: Editora Revista dos Tribunais, 2016. p. 38.

[99] ZANCHIM, Kleber Luiz. **Contratos empresariais:** Categoria – Interface com contratos de consumo e paritários – Revisão Judicial. São Paulo: Quartier Latin, 2012. p. 71 e 74.

[100] VERÇOSA, Haroldo Malheiros Duclerc. **Contratos mercantis e teoria geral dos contratos:** o Código Civil de 2002 e a crise do contrato. São Paulo: Quartier Latin, 2010. p. 25.

1. O CONSÓRCIO DE EMPRESAS

Na sequência, continua o referido autor[101] ressaltando que "os contratos comerciais se caracterizam por permanecer indiferentes e sobreviver às vicissitudes do respectivo substrato pessoal, mormente do empresário contratante".

Assim, notamos 3 (três) características essenciais aos contratos empresariais, quais sejam: (i) partes qualificadas – os empresários; (ii) objeto determinado – atividade comercial; e (iii) objetivo específico – o lucro.

Com relação aos contratantes, devem estes se caracterizar como empresários, nos termos do artigo 966 do Código Civil[102], a saber: "considera-se empresário quem exerce profissionalmente atividade econômica organizada para a produção ou a circulação de bens ou de serviços", ficando expressamente excluídos de tal conceito os que exercem "profissão intelectual, de natureza científica, literária ou artística, ainda com o concurso de auxiliares ou colaboradores, salvo se o exercício da profissão constituir elemento de empresa".

De acordo com Kleber Luiz Zanchim[103], "empresário é o sujeito de direito que assume posições jurídicas ativas e passivas a partir da atividade empresária".

Além disso, é essencial que o objeto do contrato empresarial esteja relacionado à atividade comercial, com vistas à obtenção de lucros. No entendimento de Kleber Luiz Zanchim[104]: "atividade empresária é a celebração e gestão profissional de contratos que viabilizam a produção e/ou circulação de bens e/ou serviços. É em razão da atividade empresária que o empresário adquire condições de, efetivamente, exercer sua empresa".

Com base em tal definição, podemos entender que são empresariais todos aqueles contratos celebrados entre empresas e cujo objeto visa perfazer o objeto social da empresa contratante. Nesse sentido, um

---

[101] VERÇOSA, Haroldo Malheiros Duclerc. **Contratos mercantis e teoria geral dos contratos**: o Código Civil de 2002 e a crise do contrato. São Paulo: Quartier Latin, 2010. p. 27.

[102] BRASIL. Lei n. 10.406, de 10 de janeiro de 2002. Institui o Código Civil. Palácio do Planalto Presidência da República, Brasília, DF, 10 de janeiro de 2002. Disponível em: <http://www.planalto.gov.br/ccivil_03/leis/2002/L10406.htm>. Acesso em: 28 nov. 2016.

[103] ZANCHIM, Kleber Luiz. **Contratos empresariais**: Categoria – Interface com contratos de consumo e paritários – Revisão Judicial. São Paulo: Quartier Latin, 2012. p. 48.

[104] ZANCHIM, Kleber Luiz. **Contratos empresariais**: Categoria – Interface com contratos de consumo e paritários – Revisão Judicial. São Paulo: Quartier Latin, 2012. p. 45.

comércio varejista de roupas estará celebrando um contrato empresarial quando adquirir, junto ao seu fabricante, peças de vestuário para revenda. Por outro lado, não serão considerados empresariais os contratos firmados junto aos consumidores finais e tampouco aqueles que não visam essencialmente ao lucro, como, por exemplo, o contrato para a aquisição de uma máquina de café que servirá aos funcionários da loja.

Portanto, para identificar se um Consórcio é ou não empresarial, deve-se avaliar: (i) se as partes são empresárias; (ii) se o objeto do contrato visa a satisfação do objeto social das empresas contratantes e, por último, (iii) se tem por objetivo final o lucro. Caso todas as respostas sejam afirmativas, estar-se-á diante de um Consórcio empresarial – objeto do presente trabalho.

A importância de se identificar um contrato como empresarial reside na sua interpretação, que será diferente daquela aplicável às demais categorias de contratos. Isso, pois se parte do princípio de que, em contratos de natureza empresarial, as partes detêm profissionais qualificados para avaliar os riscos envolvidos, bem como dispõem de condições para avaliar o mercado em que estão inseridas. Este ponto será mais bem analisado na segunda parte deste estudo.

Semelhante à classificação acima, atualmente, há uma tendência em se classificar os contratos em existenciais e de lucro. Os contratos existenciais seriam aqueles em que não se visa ao lucro, mas sim à subsistência, sendo, portanto, celebrados apenas entre pessoas naturais. Ao revés, conforme ensina Ruy Rosado[105], os contratos de lucro são aqueles "celebrados entre empresas no exercício de sua atividade econômica".

Uma classificação importante entre os contratos empresariais é aquela relativa ao seu grau de completude – podem, assim, os contratos ser completos ou incompletos. Este critério de classificação, proveniente de estudos econômicos, tem sido objeto de vasta pesquisa e dedicação não apenas por parte dos economistas, mas, também, pelos juristas[106].

---

[105] AGUIAR JÚNIOR, Ruy Rosado de. Contratos relacionais, existenciais e de lucro. **Revista Trimestral de Direito Civil: RTDC,** Rio de Janeiro, ano 12, v. 45, p. 91-110, jan./mar. 2011. Disponível em: <http://www.ruyrosado.com/upload/site_producaointelectual/141.pdf>. Acesso em: 26 fev. 2017.

[106] Inclusive, o prêmio Nobel de Economia do ano de 2016 foi concedido a Oliver Hart e Bengt Holmström, graças aos seus estudos no campo contratual, que incluem a teoria dos contratos incompletos. Conforme: THE ROYAL SWEDISH ACADEMY OF SCIENCES.

1. O CONSÓRCIO DE EMPRESAS

Para esta monografia, o conceito de contratos incompletos será fundamental, tendo em vista que grande parte dos conflitos entre as consorciadas surge em razão de omissões ou falhas na redação dos contratos.

Em geral, os contratos tendem a ser incompletos, pois, segundo Maija Halonen-Akatwijuka e Oliver Hart[107]: "é simplesmente muito caro para as partes anteciparem todas as possíveis contingências que podem ocorrer, bem como escrever, sem ambuiguidade, como lidar com elas".

Todos aqueles valores incorridos pelas partes contratantes para avaliar se a parte com que se pretende contratar terá condições de cumprir o acordo, se ela possui condições de assumir obrigações, se os termos da negociação são adequados aos riscos identificados, bem como os gastos com a própria negociação do instrumento contratual e sua boa e fiel execução, são considerados custos de transação[108].

Jean Tirole[109] explica que os contratos incompletos estão relacionados diretamente com os custos de transação, que, no caso, podem se verificar nas seguintes situações:

Unforeseen contingencies: "Parties cannot define ex ante the contingencies that may occur or actions that may be feasible later on. So, they must content themselves with signing a contract such as an authority or ownership relationship that does not explicitly mention those contingencies, or with signing no contract at all."

The Prize in Economic Sciences 2016. 2016. Disponível em: <https://www.nobelprize.org/nobel_prizes/economic-sciences/laureates/2016/press.pdf>. Acesso em: 12 out. 2016.

[107] HALONEN-AKATWIJUKA, Maija; HART, Oliver. **More is Less: Why Parties May Deliberately Write Incomplete Contracts.** 2013. Disponível em: <http://scholar.harvard.edu/files/hart/files/more_is_less_april_19_2013-2_copy.pdf>. Acesso em: 12 out. 2016 (tradução nossa).

[108] Conforme: COASE, Ronald Harry. **The firm, the Market, and the law**. United States of America: The University of Chicago. 1. ed. Digital.

[109] TIROLE, Jean. Incomplete contracts: where do we stand? **Econometrica**, France, v. 67, n. 4, p. 741-781, jul. 1999. Disponível em: <http://onlinelibrary.wiley.com/doi/10.1111/1468-0262.00052/epdf>. Acesso em: 12 out. 2016. Tradução nossa: Contingências imprevistas: "As Partes não podem definir *ex ante* as contingências que podem ocorrer ou ações que podem ser viáveis mais tarde. Assim, eles devem se contentar com a assinatura de um contrato como uma autoridade ou relação de propriedade que não menciona explicitamente essas contingências, ou com a assinatura de contrato nenhum". Custo de escrever contratos: "Mesmo que se pudesse prever todas as contingências, elas poderiam ser tão numerosas que seria muito caro descrevê-las em um contrato". Custo de execução de contratos: "Os tribunais devem entender os termos contratuais e verificar o que foi contratado a respeito de contingências e ações, a fim de fazer cumprir o contrato".

Cost of writing contracts: "Even if one could foresee all contingencies, they might be so numerous that it would be too costly to describe them in a contract."
Cost of enforcing contracts: "Courts must understand the terms of the contract and verify the contracted upon contingencies and actions in order to enforce the contract."

Nesse sentido, Eduardo Goulart Pimenta[110] destaca que, "quanto mais se preocupam em preencher as lacunas do contrato que estão a negociar, mais as partes estão aumentando seus custos com a transação".

Assim, pode-se dizer que é praticamente impossível existir um contrato totalmente completo, pois isso implicaria altíssimos custos para (i) se preverem todas as possíveis contingências; (ii) escrevê-las adequadamente; bem como, posteriormente, no caso de inadimplemento por qualquer das partes, ter-se-iam os custos inerentes à (iii) interpretação e aplicação do contrato pelos órgãos julgadores.

Os contratos de Consórcio, como contratos complexos e de longa duração, são considerados contratos incompletos. Nesse sentido, o grau de incompletude de um contrato de Consórcio pode variar, de maneira que, caso as partes atentem tão somente aos requisitos dos artigos 278 e 279 da Lei das Sociedades por Ações, inúmeros pontos importantes não serão regrados, aumentando assim a possibilidade de conflitos entre as consorciadas.

Uma última classificação importante aplicável aos contratos empresariais é relativa ao grau de poder econômico das partes, segundo a qual os contratos serão paritários ou por dependência econômica.

No âmbito dos contratos empresariais, poucas são as situações em que uma das partes encontra-se em situação de hipossuficiência, tal como se verifica no direito consumerista ou do trabalho. Entretanto, é possível que, em determinadas situações, uma das partes exerça um poder maior sobre a outra, em razão de sua condição econômica.

No dizer de Paula Forgioni[111]: "há de se reconhecer que, em certas relações interempresariais, existe *dependência econômica* de uma parte em

---

[110] PIMENTA, Eduardo Goulart. A disciplina legal das sociedades empresárias sob uma perspectiva de Direito & Economia. In: TIMM, Luciano Benetti, et al. **Direito e economia**. 2. ed. rev. e atual. Porto Alegre: Livraria do Advogado Editora, 2008.

[111] FORGIONI, Paula A. **Contratos empresariais**: teoria geral e aplicação. 2. ed. rev., atual. e ampl. São Paulo: Editora Revista dos Tribunais, 2016. p. 67.

relação a outra. Essa supremacia implica a possibilidade/capacidade de um sujeito impor condições contratuais a outro, que deve aceitá-las".

Em tais situações, verifica-se que, para a conclusão do contrato, uma parte precisa impor-se sobre as demais, de maneira que estas devam seguir o esquema de negócio daquela, sob pena de o contrato não servir ao fim que lhe foi imposto. Ainda, segundo Paula Forgioni[112], a classificação entre contratos paritários e de dependência "trata-se de uma *questão de grau* e não de classificação peremptória, do tipo 'ou isso ou aquilo'. A dependência econômica verifica-se com maior ou menor intensidade e pode inexistir, quando os contratos são paritários".

Sendo assim, nos Consórcios deve-se avaliar, caso a caso, a existência de dependência econômica entre as partes, em especial, considerando toda a vida do empreendimento.

Compreendidas as diversas classificações do contrato de Consórcio empresarial, volta-se, o presente estudo, às características essenciais de um Consórcio empresarial, tal como definido na legislação em vigor.

1.4 Características Essenciais de um Consórcio de Empresas

Sendo um contrato típico, a legislação, no caso, a Lei das Sociedades por Ações, estabelece algumas das características necessárias para que determinada associação de empresas possa ser considerada um Consórcio.

Trata-se dos elementos mínimos essenciais para que determinado contrato possa ser tipificado como um contrato de Consórcio, e não como um contrato atípico ou uma sociedade em comum.

Tais requisitos mínimos constam do artigo 279 da Lei das Sociedades por Ações, o qual, segundo José Waldecy Lucena[113]:

> [...] elenca, em oito incisos, os *requisitos mínimos* que o contrato consorcial deve conter. São os chamados requisitos *legais*. Ressalta evidente que o dispositivo diz muito menos do que era necessário dizer. Por isso mesmo, a enumeração há de ser tida como em *numerus apertus*, assim permitindo às consorciadas adicionar requisitos outros, de seu interesse e conveniência. São os chamados requisitos *convencionais*.

---

[112] FORGIONI, Paula A. **Contratos empresariais**: teoria geral e aplicação. 2. ed. rev., atual. e ampl. São Paulo: Editora Revista dos Tribunais, 2016. p. 67.

[113] LUCENA, José Waldecy. **Das sociedades anônimas**: comentários à lei (arts. 189 a 300). Rio de Janeiro: Renovar, 2012. p. 1118, v. 3.

Alguns desses requisitos são mesmo impositivos, tendo em vista objetivarem evitar a ocorrência de eventuais conflitos e incertezas entre as sociedades consorciadas.

Sendo assim, abaixo se explica, brevemente, cada um dos requisitos previstos no referido artigo 279 da Lei das Sociedades por Ações:

a) Designação do Consórcio

Seguindo a ordem legal, o primeiro traço característico de um Consórcio é a sua designação. O artigo 279, I, da Lei das Sociedades por Ações estabelece que um dos elementos do contrato de Consórcio é a sua designação, a qual pode, todavia, não existir.

A designação não se confunde com o nome empresarial, utilizado apenas para sociedades, trata-se de mero elemento de diferenciação dos contratos de Consórcio. Pode a designação conter o nome das consorciadas, o nome do empreendimento ou outro nome fantasia qualquer. Sugere-se que a designação do Consórcio contenha nome diverso de suas consorciadas, a fim de melhor identificar o seu objeto perante terceiros, e, ainda, como forma de se evitar a coincidência de nomes para objetos consorciais distintos.

b) Objeto do Consórcio

Na sequência, o artigo 279, II, da Lei das Sociedades por Ações estabelece que deve o contrato de Consórcio definir "o empreendimento que constitua o objeto do Consórcio". Este requisito é essencial ao Consórcio e deve ser redigido de forma detalhada e completa, a fim de se evitar qualquer dúvida durante a execução dos trabalhos.

O referido empreendimento deve estar contido no objeto social das empresas que compõem o Consórcio, tendo em vista que, na prática, serão elas responsáveis por executá-lo.

Segundo Modesto Carvalhosa[114], a definição do empreendimento objeto do Consórcio constitui:

---

[114] CARVALHOSA, Modesto. **Comentários à Lei das Sociedades Anônimas.** arts. 243 a 300 da Lei 6.404, de 15 de dezembro de 1976, com as modificações da Lei n. 11.941, de 27 de maio de 2009. 4. ed. rev. e atual. São Paulo: Saraiva, 2011. p. 464, 4º v., t. II.

1. O CONSÓRCIO DE EMPRESAS

> [...] *declaração da finalidade* do Consórcio, a qual configura a natureza plurilateral deste, que está voltado a um objetivo único e temporário, envolvendo determinadas atividades empresariais das sociedades consorciadas. A declaração dessa finalidade (empreendimento que constitua o objeto do Consórcio) deverá ser minuciosa e exaustiva.

Assim, é o objeto do Consórcio que lhe atribui a natureza de contrato plurilateral, na medida em que todas as consorciadas voltar-se-ão à sua execução, nos termos contratados.

Muito se discute a respeito da expressão "determinado empreendimento", contida no artigo 278 da Lei das Sociedades por Ações. Fabiana Carsoni Alves Fernandes da Silva[115], após analisar precedentes jurisprudenciais do extinto Conselho de Contribuintes e do Conselho Administrativo de Recursos Fiscais, assevera que:

> O adjetivo "determinado", empregado pelo art. 278, *caput*, da Lei n. 6.404/76, que tanta celeuma gera em torno do assunto, não carrega, em si, a noção de unicidade do empreendimento, tampouco de limitação temporal do agrupamento. Determinado é característico daquilo que é preciso, definido, fixo, certo, mas não necessariamente único e transitório. Logo, a expressão "determinado empreendimento", adotada pela lei, está a requerer que o contrato delimite com clareza e precisão o objeto do Consórcio, e nada mais.
>
> Portanto, os Consórcios podem ser validamente constituídos para o exercício de atividades variadas, diversificadas, e não únicas, mesmo que este exercício perdure no tempo.

Dessa forma, não se exige a unicidade do objeto do Consórcio, ou seja, ele não precisa ser constituído para a execução de apenas, e tão somente, um empreendimento, basta que o(s) empreendimento(s) seja(m) devidamente caracterizado(s) e detalhado(s).

Por fim, nos casos de Consórcios empresariais, as consorciadas deverão ser empresas, e o empreendimento em questão deverá constituir elemento de empresa, ou seja, deverá estar voltado ao exercício de atividade econômica organizada para a produção ou circulação de bens ou

---

[115] SILVA, Fabiana Carsoni Alves Fernandes da. **Consórcios de Empresas:** Aspectos Jurídicos Relevantes. São Paulo: Quartier Latin, 2015. p. 109.

serviços, visando ao lucro. *A contrario sensu*, os Consórcios que não tiverem como objeto a atividade empresarial não serão considerados Consórcios empresariais.

c) Duração, Endereço e Foro do Consórcio

O terceiro requisito legal para os contratos de Consórcio refere-se à sua duração, endereço e foro. A começar pela duração do Consórcio, o contrato deverá estabelecer o seu prazo, o qual, por decorrência lógica do item anterior, deverá ser equivalente ao tempo necessário para a completa execução do empreendimento.

Conforme já adiantado no capítulo anterior, os contratos de Consórcio são contratos de duração, ou seja, perduram ao longo do tempo. A questão que se faz aqui é qual seria o tempo necessário à perfeita execução e completude do empreendimento objeto do contrato? Ora, é evidente que o contrato não precisa estabelecer um prazo determinado, podendo ele ser apenas determinável, ficando vinculado ao efetivo término do empreendimento.

É importante ressaltar, com relação ao término dos Consórcios, que, na hipótese de encerramento de um Consórcio, eventuais responsabilidades subsequentes serão assumidas pelas consorciadas, nos termos e na medida do contrato original, ou do distrato, caso este contenha disposição específica a respeito do tema.

Quanto ao endereço do Consórcio, deve o contrato indicar o local em que ficará a administração do Consórcio. No caso, não se trata efetivamente de uma sede social, visto que o Consórcio não dispõe de personalidade jurídica, mas apenas da necessidade de se indicar um local em que serão arquivados os livros e documentos do Consórcio, bem como onde ficará a sua administração.

Pode o endereço do Consórcio ser no local onde se executa o empreendimento, ou mesmo na sede de qualquer de suas consorciadas.

Além da duração e do endereço do Consórcio, deve o contrato indicar também o seu foro. Trata-se da forma de solução de eventuais conflitos surgidos entre as consorciadas durante a execução do empreendimento.

As partes consorciadas podem escolher livremente como será a forma de solução de conflitos entre elas, a saber, podem indicar um foro judicial, uma cláusula compromissória, ou até mesmo inserir uma cláusula escalonada.

Conforme visto acima, em geral, os contratos de Consórcio fazem parte de uma rede de contratos coligados, de maneira que é essencial harmonizar todas as cláusulas de solução de conflitos em tais instrumentos jurídicos.

Nesse sentido, se, em uma contratação com o Poder Público, por exemplo, o contrato apresenta como forma de solução de conflitos o foro da comarca do Rio de Janeiro, é recomendável que todos os demais contratos conexos a esse – o contrato de constituição do Consórcio, contrato com fornecedores, dentre outros – sigam a mesma regra. Isso, pois, caso cada contrato contenha uma forma distinta de solução de conflitos é possível que se tenham decisões conflitantes nas diversas instâncias julgadoras.

d) *Obrigações e Responsabilidades das Consorciadas e suas Prestações*

O inciso subsequente (art. 279, IV) determina que o contrato de Consórcio deve definir as obrigações e responsabilidades de cada consorciada e das prestações específicas.

Este ponto também é central ao presente estudo, na medida em que os conflitos entre consorciadas, em geral, surgem em razão da indefinição das obrigações e responsabilidades de cada parte no âmbito do Consórcio.

Em princípio, ressalte-se que não há presunção de solidariedade entre as consorciadas (exceto em casos específicos, tal como na contratação com o poder público), de maneira que tal assunto deve ser claramente regulado e detalhado no contrato de constituição do Consórcio.

Apesar de o contrato de Consórcio ser, por natureza, um contrato incompleto, devem as partes esforçar-se para, durante a negociação da parceria, indicar e escrever, claramente, no contrato, as obrigações, responsabilidades e prestações a que ficarão sujeitas, para evitar assim futuros conflitos.

José Waldecy Lucena[116] ensina que, quando as partes detalham corretamente suas obrigações, responsabilidades e prestações, poderão elas

---

[116] LUCENA, José Waldecy. **Das sociedades anônimas**: comentários à lei (arts. 189 a 300). Rio de Janeiro: Renovar, 2012. p. 1124, v. 3.

saber exatamente quais partes do empreendimento deverão executar e também poderão fiscalizar o desempenho das demais, podendo inclusive cobrar o adimplemento das obrigações assumidas. Igualmente, terceiros também poderão identificar no contrato de consórcio quais partes lhes causaram prejuízo, sendo-lhes dado o direito de acionar apenas as consorciadas inadimplentes.

e) Receitas e Partilha de Resultados

Igualmente importante é a questão das receitas e partilha de resultados, prevista no artigo 279, V, da Lei das Sociedades por Ações.

Já se disse acima que, em um Consórcio, é possível que uma das partes não tenha direito ao recebimento de quaisquer resultados, tendo em vista a natureza contratual deste instituto. Para que isso aconteça, pode o contrato de Consórcio estipular uma cláusula genérica, estabelecendo que as partes deliberarão pela distribuição desproporcional dos resultados, porém, é recomendável que o referido contrato defina, desde logo e, em detalhe, como será o recebimento das receitas e partilha dos resultados auferidos pelo Consórcio.

Podem as consorciadas, por exemplo, estabelecer que quaisquer pagamentos devidos ao Consórcio serão feitos diretamente às consorciadas na proporção de suas participações. Também é possível que apenas uma das consorciadas concentre o recebimento de todas as receitas. Igualmente, pode-se determinar que os pagamentos serão efetuados em conta de titularidade do próprio Consórcio.

Com relação à partilha dos resultados, como já dito, deve o contrato determinar como e quando isso ocorrerá. Podem ser definidas distribuições de resultados antecipados, ou seja, antes do término do empreendimento, como também é possível que se estabeleça apenas uma partilha final.

É importante ressaltar que, por não possuir personalidade jurídica, o Consórcio não distribui lucros, apenas resultados.

Para Fabiana Carsoni Alves Fernandes da Silva[117]:

> Os Consórcios, destinando-se a certa atividade econômica, no mais das vezes, constituem-se com vistas à geração de lucro às consorciadas. No entanto,

---

[117] SILVA, Fabiana Carsoni Alves Fernandes da. **Consórcios de Empresas:** Aspectos Jurídicos Relevantes. São Paulo: Quartier Latin, 2015. p. 95.

diferentemente do que ocorre nas sociedades em geral, não há distribuição de lucros do Consórcio para suas consorciadas, de vez esta forma associativa não é revestida de personalidade jurídica. A participação de cada uma nos resultados dá-se de acordo com as normas estabelecidas no instrumento contratual. As consorciadas, portanto, é quem têm fins de lucro ou de diminuição de perdas, e o contrato de Consórcio atende a esses propósitos egoísticos.

Nada impede, no entanto, que o Consórcio se constitua para executar atividades sem fim lucrativo.

Sendo assim, quem busca o lucro não é o Consórcio, mas as consorciadas, que o fazem por meio daquele.

f) Administração, Contabilização e Representação do Consórcio

Em continuidade, o inciso VI, do artigo 279 da Lei das Sociedades por Ações trata das normas sobre administração do Consórcio, contabilização, representação das sociedades consorciadas e taxa de administração, se houver.

Não há, na legislação em vigor, uma definição de como deva ser exercida a administração do Consórcio. Faz parte da liberdade contratual das consorciadas definir este item.

Os Consórcios, para desenvolverem suas atividades, precisam se organizar de forma a permitir o entrosamento de suas equipes e a troca de conhecimentos necessária à execução do empreendimento, o que se dá mediante a criação de uma estrutura organizacional própria.

Existem Consórcios em que a administração do Consórcio cabe apenas a uma das consorciadas (em geral, a líder), porém, existem outros, como mencionado anteriormente, em que a estrutura de administração é tão complexa que chega a se assemelhar a uma sociedade por ações. Em alguns casos, verifica-se, inclusive, a constituição de uma sociedade, pelas próprias consorciadas, que será responsável tão somente por exercer a administração e operacionalização do Consórcio, o que já foi validado pela Comissão de Valores Mobiliários, nos termos do Parecer CVM/SJU n. 044/82, da lavra da Dra. Carmen Sylvia Motta Parkinson[118].

---

[118] BRASIL. Comissão de Valores Mobiliários – CVM. Parecer n. CVM/SJU n. 044/82. Dra. Carmen Sylvia Motta Parkinson. Rio de Janeiro, RJ, 08 de junho de 1982. **Consórcio de**

PREVENÇÃO E SOLUÇÃO DE CONFLITOS EM CONSÓRCIOS EMPRESARIAIS

A administração do Consórcio terá como função coordenar, organizar e controlar todas as atividades necessárias ao desenvolvimento do empreendimento, motivo pelo qual é essencial que as partes indiquem pessoas capacitadas e disponíveis para o exercício de tais funções.

Em geral a representação do Consórcio cabe àqueles que exercem a sua administração, todavia, nada impede que a administração e a representação sejam exercidas por pessoas distintas.

De toda forma, é essencial que o contrato de Consórcio defina claramente quais os poderes que o administrador e o representante terão no âmbito do Consórcio, como forma de se evitarem quaisquer dúvidas perante terceiros.

É importante ressaltar que o Consórcio, por não possuir personalidade jurídica e não constituir uma sociedade distinta das consorciadas que o compõem, não possui órgão de administração, tal como se verifica em uma sociedade propriamente dita. A representação do Consórcio, seja por representantes próprios, da líder, ou de terceiros, ocorrerá por meio de mandato. Esse é, inclusive, o entendimento de Modesto Carvalhosa[119]:

> O Consórcio constitui um contrato associativo, sem personalidade jurídica. Tem, porém, personalidade judicial e negocial, que se expressa pela existência de uma representação e de uma administração, com capacidade negocial e processual, ativa e passiva (art. 279). A representação decorre de mandato das sociedades consorciadas. Esse mandato poderá ser outorgado a uma das empresas consorciadas, como de resto é comum nos Consórcios de participação em concorrências públicas (instrumentais).

No mesmo sentido, Daniel Santa Bárbara Esteves[120]:

> Representação é a relação pela qual o representante age em nome e por conta do representado, recaindo sobre este último todos os efeitos dos

---

Empresas. Rio de Janeiro, 08 jun. 1982. Disponível em: <http://docvirt.com/docreader.net/DocReader.aspx?bib=juris_cvm_wi&pagfis=4789&pesq;=.>. Acesso em: 03 set. 2016.

[119] CARVALHOSA, Modesto. **Comentários à Lei das Sociedades Anônimas**. arts. 243 a 300 da Lei 6.404, de 15 de dezembro de 1976, com as modificações da Lei n. 11.941, de 27 de maio de 2009. 4. ed. rev. e atual. São Paulo: Saraiva, 2011. p. 433, 4º v., t. II.

[120] ESTEVES, Daniel Santa Bárbara. Consórcio de Empresas. In: FERNANDES, Wanderley (Org.). **Contratos empresariais**: contratos de organização da atividade econômica. São Paulo: Saraiva, 2011. p. 387 e 388.

atos praticados. No caso dos Consórcios, a atuação em nome próprio obviamente não lhe confere personalidade jurídica, nem sequer afasta das empresas consorciadas a responsabilidade pelos débitos contraídos por meio do representante da sociedade.

[...]

Dentre os entes despersonificados, a representação não é exclusividade do Consórcio, sendo reconhecida pela ordem jurídica, por exemplo, ao condomínio edilício, que é representado pelo síndico, ao espólio, representado pelo inventariante, à massa falida, representada pelo administrador.

No tocante à contabilização do Consórcio, esta deve ser efetuada de forma apartada em relação à contabilidade das consorciadas, devendo eventual saldo positivo na conta de resultado do Consórcio ser transferido às empresas, observadas as regras legais[121] e contratuais aplicáveis.

Por fim, podem as partes estabelecer o pagamento, pelo Consórcio, de uma taxa de administração à consorciada que for responsável pela administração isolada do Consórcio.

g) Deliberações Consorciais

O inciso VII do artigo 279 traz outro item de essencial importância ao presente trabalho, visto que costuma ser a origem de muitos desentendimentos entre as consorciadas. Trata-se da forma de deliberação sobre assuntos de interesse comum, e o número de votos que cabe a cada consorciado.

A forma de deliberação sobre os assuntos comuns refere-se às formalidades que deverão ser atendidas para que as decisões, no âmbito do Consórcio, sejam validamente tomadas pelas consorciadas. Ou seja, no entendimento de José Waldecy Lucena[122], deve-se estipular se as deliberações serão tomadas de forma colegial (ou seja, por assembleia ou reunião), ou por referendo (mediante votos escritos, separadamente).

---

[121] Verifica-se que o Conselho Federal de Contabilidade Brasileiro possui 2 (duas) normas aplicáveis a negócios em conjunto, dentre os quais podem ser inseridos os consórcios, a saber NBC TC 18 e 19, publicadas no Diário Oficial da União no dia 06.11.2015 e que correspondem, respectivamente, aos CPCs 18R2 e 19R2 e às IASBs 28 e 31.

[122] LUCENA, José Waldecy. **Das sociedades anônimas**: comentários à lei (arts. 189 a 300). Rio de Janeiro: Renovar, 2012. p. 1129, v. 3.

PREVENÇÃO E SOLUÇÃO DE CONFLITOS EM CONSÓRCIOS EMPRESARIAIS

Além da definição quanto ao método de deliberações, podem as partes estabelecer formalidades relativas à convocação, instalação, votação e formalização das reuniões dos consorciados.

A lei não faz qualquer exigência para tais procedimentos, de forma que cabe às consorciadas detalhar estes no instrumento contratual. Todavia, apesar da omissão legal, é recomendável que se detalhe, com clareza, no instrumento contratual, como devem ser convocadas as reuniões, quem poderá fazê-lo, se há quórum de instalação, como se dará a votação e como serão formalizadas as reuniões.

Sobre o quórum das deliberações, a lei também não faz qualquer exigência, tendo as partes total liberdade para estabelecer o que melhor lhes convir, bastando apenas que o contrato seja claro e completo, a fim de se evitarem conflitos.

Importante ressaltar também que não se aplica aos Consórcios o princípio *one share, one vote*, podendo as consorciadas estabelecer a quantidade de votos que caberá a cada uma delas, sendo possível, até mesmo, a criação do *voto de minerva*, ou de desempate. Esse é também o entendimento de Nelson Eizirik[123]:

> Deve também o contrato estabelecer a forma de deliberação, podendo estipular livremente quantos votos caberá a cada consorciada. Dada a natureza contratual do instituto, não é necessário que a cada consorciada seja atribuído o direito a 1 (um) voto, sendo inclusive possível o voto plural. Da mesma forma, não é necessário que o contrato vincule o número de votos ao montante do aporte financeiro de cada consorciada; pode até mesmo estabelecer, por exemplo, que a consorciada que contribui com a tecnologia tenha maior quantidade de votos do que aquela que contribui com recursos financeiros.
>
> É recomendável que as partes determinem no contrato de Consórcio, de forma minuciosa, as regras sobre deliberações e sobre a modificação de suas cláusulas, a fim de evitar controvérsias quando pretenderem efetuar alterações contratuais relevantes.

Nesse cenário, mostra-se de fundamental importância a redação do contrato de constituição do Consórcio, quanto às deliberações deste, como forma de se prevenirem conflitos entre as consorciadas durante o

---

[123] EIZIRIK, Nelson. **A lei das S/A comentada.** São Paulo: Quartier Latin, 2011. p. 569, v. III.

processo de tomada de decisões ao longo do desenvolvimento do empreendimento objeto do Consórcio.

h) Contribuições das Consorciadas para as Despesas Comuns

Por fim, o último inciso do artigo 279, o VIII, trata sobre a contribuição de cada consorciada para as despesas comuns, se houver.

Para que seja possível a execução do empreendimento, o Consórcio precisa dispor de recursos para tanto. Por não ter personalidade jurídica, o Consórcio não terá um capital social inicial como ponto de partida para a execução de suas atividades, de maneira que dependerá ele integralmente das contribuições das consorciadas e/ou de pagamentos efetuados por terceiros.

O Consórcio incorrerá em gastos diversos ao longo de sua duração, na medida em que, para desenvolver o empreendimento, precisará contratar funcionários, alugar equipamentos, comprar insumos, dentre outros. Por essa razão, deve o contrato de Consórcios estabelecer, claramente, como serão efetuados eventuais aportes de recursos pelas partes.

José Waldecy Lucena[124] entende que as contribuições das partes no Consórcio formam um *fundo consórtil*, que não se confunde com o patrimônio das consorciadas, constituindo-se como um patrimônio separado a ser gerido e administrado pelo Consórcio.

Deve, assim, o contrato estabelecer quanto e como cada consorciada contribuirá para o desenvolvimento das atividades do Consórcio.

i) Registro do Contrato de Consórcio

Além dos requisitos previstos nos incisos do artigo 279 da Lei das Sociedades por Ações, outro requisito do contrato de Consórcio é o seu registro perante o Registro do Comércio (parágrafo único do art. 279).

Apesar de não possuir personalidade jurídica, a lei exige que os Consórcios sejam registrados. Isso se dá porque aos Consórcios atribui-se capacidade negocial e processual, motivo pelo qual é importante a sua ampla publicidade.

---

[124] LUCENA, José Waldecy. **Das sociedades anônimas**: comentários à lei (arts. 189 a 300). Rio de Janeiro: Renovar, 2012. p. 1131, v. 3.

Nelson Eizirik[125] comparara os Consórcios ao espólio, à massa falida, à herança jacente e a outros entes não personificados que também se constituem como núcleos unitários, com capacidade para a prática de atos civis e comerciais.

Nos termos da legislação em vigor, o registro dos contratos de Consórcio é importante para evitar que estes possam ser considerados sociedades em comum, o que teria como efeito a responsabilização solidária de todas as consorciadas, independentemente do que dispuser o instrumento contratual. Além disso, é o registro do contrato de Consórcio que lhe confere eficácia perante terceiros. Nesse sentido, Modesto Carvalhosa[126]:

> A falta de observância do regime de publicidade acarreta a responsabilidade ilimitada e solidária das consorciadas em todas as obrigações assumidas em nome do Consórcio ou em nome próprio.
>
> Desse modo, o regime de publicidade torna eficaz o contrato consorcial perante terceiros. Quanto às próprias consorciadas, a validade e a eficácia produzem-se desde logo, ou seja, a partir da celebração do contrato consorcial firmado pelos seus respectivos diretores estatutários, após devidamente autorizados pela assembleia geral ou pelo Conselho de Administração.

Assim, perante as consorciadas, o instrumento contratual de constituição do Consórcio é valido a partir de sua celebração, sendo que, perante terceiros, faz-se necessário o respectivo registro perante a Junta Comercial responsável.

A despeito da necessidade de registro dos contratos de Consórcio, ressalte-se que, no caso dos Consórcios instrumentais, dada a sua natureza temporária, via de regra, estes não são registrados. Sendo assim, é comum que os editais das licitações não exijam o prévio registro dos Consórcios nos registros de comércio. O que se verifica, na prática, é que as empresas acabam apresentando apenas um compromisso de constituição de Consórcio, o qual pode ser firmado por instrumento público ou particular. Posteriormente, o licitante vencedor constitui

---

[125] EIZIRIK, Nelson. **A lei das S/A comentada.** São Paulo: Quartier Latin, 2011. p. 559, v. III.

[126] CARVALHOSA, Modesto. **Comentários à Lei das Sociedades Anônimas.** arts. 243 a 300 da Lei 6.404, de 15 de dezembro de 1976, com as modificações da Lei n. 11.941, de 27 de maio de 2009. 4. ed. rev. e atual. São Paulo: Saraiva, 2011. p. 471, 4º v., t. II.

efetivamente o respectivo Consórcio ou mesmo a sociedade de propósito específico necessária ao desenvolvimento do objeto do certame.

Além do registro perante a Junta Comercial, pode ser necessária ainda uma aprovação prévia do Conselho Administrativo de Defesa Econômica, a fim de se verificar se a associação não implica prejuízo à concorrência ou dominação de mercado (arts. 88 e 90, inciso IV, da Lei n. 12.529, de 30 de novembro de 2011). Exceção a essa regra se faz aos Consórcios que têm por finalidade a participação em licitações públicas (art. 90, parágrafo único, da Lei n. 12.529/2011).

PARTE II
Conflitos em Consórcios Empresariais

2. Do Vínculo Jurídico entre as Empresas que Compõem o Consórcio

2.1 As Partes em um Consórcio

Costuma-se dizer que, para se obter sucesso em qualquer empreitada, deve-se saber escolher bem o seu parceiro[127]. Por essa razão, antes de se associarem, cabe às partes entenderem, além das suas necessidades e interesses, as intenções e objetivos do pretenso consorciado, a fim de se evitarem dessabores.

Para tanto, faz-se necessário compreender, em primeiro lugar, quem pode integrar um Consórcio e, na sequência, como deve ser o relacionamento entre as partes consorciadas. Dessa forma, neste item serão analisadas, de forma breve, quais partes podem integrar um Consórcio empresarial e, na sequência, passa-se ao estudo do efetivo relacionamento entre elas e os conflitos daí decorrentes.

No caso dos Consórcios empresariais, como previsto na Lei das Sociedades por Ações, estes serão sempre compostos por companhias e outras sociedades.

O artigo 278 da Lei das Sociedades por Ações[128] dispõe que "as companhias **e** quaisquer outras sociedades, sob o mesmo controle ou não,

---

[127] Conforme: FORGIONI, Paula A. **Contratos empresariais**: teoria geral e aplicação. 2. ed. rev., atual. e ampl. São Paulo: Editora Revista dos Tribunais, 2016. p. 75.

[128] BRASIL. Lei n. 6.404, de 15 de dezembro de 1976. Dispõe sobre as Sociedades por Ações. Palácio do Planalto Presidência da República, Brasília, DF, 15 de dezembro de 1976. Dispo-

podem constituir Consórcio para executar determinado empreendimento" (grifos nossos).

Depois de muita discussão doutrinária a respeito, hoje é superada a ideia de que os Consórcios deveriam contar, obrigatoriamente com uma sociedade anônima em seu quadro de sócios[129]. Apesar da redação imprecisa da lei, atualmente, admitem-se Consórcios formados por quaisquer sociedades, inclusive estrangeiras e empresas públicas, ainda que nenhuma delas se constitua como uma companhia.

Tanto é assim que o Departamento de Registro Empresarial e Integração – DREI, órgão responsável por regular as Juntas Comerciais no país, editou a Instrução Normativa n. 19, de 5 de dezembro de 2013[130], que dispõe: "as sociedades, sob o mesmo controle ou não, podem constituir Consórcio para executar determinado empreendimento" (art. 5º).

Nesse sentido, entende-se que quaisquer sociedades, sejam elas empresárias ou não, podem constituir Consórcio[131]. Ficam excluídas do conceito legal as pessoas físicas, as empresas individuais e as empresas individuais de responsabilidade limitada – EIRELI. Fran Martins[132] comenta ser tal medida injustificável, visto que existem sociedades individuais com plena capacidade técnica e econômica para competirem e se associarem às sociedades.

---

nível em: <https://www.planalto.gov.br/ccivil_03/leis/L6404consol.htm>. Acesso em: 28 nov. 2016.

[129] Nesse sentido, Fran Martins dizia que, ainda que erroneamente, a lei só admitia Consórcios com a participação de, ao menos, uma sociedade anônima. Conforme: MARTINS, Fran. **Comentários à Lei das sociedades anônimas**. 4. ed. Revista e atualizada por Roberto Papini. Rio de Janeiro: Forense, 2010. p. 1143.

[130] BRASIL. Instrução Normativa Drei n. 19, de 05 de dezembro de 2013. Dispõe sobre os atos de constituição, alteração e extinção de Grupo de Sociedades, bem como os Atos de Constituição, Alteração e Extinção de Consórcio. Instrução Normativa Drei n. 19, de 5 de dezembro de 2013. BRASÍLIA, DF. DOU, 06 dez. 2013. Disponível em: <http://www.drei.smpe.gov.br/legislacao/instrucoes-normativas/titulo-menu/pasta-instrucoes-normativas-em-vigor-02-1/drei-19.pdf>. Acesso em: 22 jan. 2017.

[131] Em sentido oposto, José Waldecy Lucena entende que apenas podem constituir Consórcios as sociedades empresárias. Entretanto, não parece ser este o sentido da lei, que não faz qualquer menção à exigência das sociedades serem empresárias. Conforme: LUCENA, José Waldecy. **Das sociedades anônimas:** comentários à lei (arts. 189 a 300). Rio de Janeiro: Renovar, 2012. p. 1109, v. 3.

[132] Conforme: MARTINS, Fran. **Comentários à Lei das sociedades anônimas**. 4. ed. Revista e atualizada por Roberto Papini. Rio de Janeiro: Forense, 2010. p. 1143.

2. DO VÍNCULO JURÍDICO ENTRE AS EMPRESAS QUE COMPÕEM O CONSÓRCIO

Além disso, Fabiana Carsoni Alves Fernandes da Silva[133], ao comentar tal restrição, entende ser inadequado vetar a formação de Consórcios por pessoas físicas, empresários individuais, empresas individuais de responsabilidade limitada, ou quaisquer outras entidades diferentes das sociedades.

De fato, não se justifica a restrição legal imposta às pessoas físicas, às empresas individuais e às empresas individuais de responsabilidade limitada – EIRELI, pois, na prática, estas podem possuir as mesmas, ou, em alguns casos, até melhores, condições de desenvolver as atividades objeto do Consórcio do que certas sociedades.

Ainda com relação à expressão *quaisquer outras sociedades*, prevista no artigo 278 da Lei das Sociedades por Ações[134], é importante citar o ensinamento de Nelson Eizirik[135], para quem é possível a existência de Consórcios constituídos por sociedades sem personalidade jurídica, tais como as sociedades em conta de participação e os fundos de investimento.

Ernesto Luís Silva Vaz[136] ressalta também a possibilidade de participarem do Consórcio as sociedades em nome coletivo, comandita simples, comandita por ações e até mesmo associações e fundações. Por outro lado, o mesmo autor discorda de Nelson Eizirik, ao observar que sociedades sem personalidade jurídica não podem integrar Consórcios, assim como as empresas públicas, em razão da falta de autorização legislativa para tanto, bem como tendo em vista a incompatibilidade entre as suas atividades e a finalidade das sociedades civis.

---

[133] SILVA, Fabiana Carsoni Alves Fernandes da. **Consórcios de Empresas – Aspectos Jurídicos Relevantes**. São Paulo: Quartier Latin, 2015. p. 287.

[134] BRASIL. Lei n. 6.404, de 15 de dezembro de 1976. Dispõe sobre as Sociedades por Ações. Palácio do Planalto Presidência da República, Brasília, DF, 15 de dezembro de 1976. Disponível em: <https://www.planalto.gov.br/ccivil_03/leis/L6404consol.htm>. Acesso em: 28 nov. 2016.

[135] EIZIRIK, Nelson. **Direito Societário – Estudos e Pareceres**. São Paulo: Quartier Latin, 2015. p. 159.

[136] VAZ, Ernesto Luís Silva. **Consórcio de empresas**: regime jurídico. 2010. 160 f. Dissertação (Mestrado). Curso de Direito, Faculdade de Direito, Universidade de São Paulo, São Paulo, 2010. Disponível em: <http://www.teses.usp.br/teses/disponiveis/2/2132/tde-21022014-163707/pt-br.php>. Acesso em: 16 out. 2016.

Egon Bockmann Moreira[137], ao fazer uma análise dos Consórcios pelo viés do direito administrativo, sustenta que "qualquer que seja a respectiva natureza jurídica, elas [as sociedades] podem integrar-se reciprocamente numa associação consorcial (sociedades limitadas, sociedades anônimas, empresas públicas, sociedades de economia mista, sociedades em comandita etc.)".

Com relação à participação de empresas estrangeiras nos Consórcios, exige-se apenas que elas tenham autorização para funcionar no Brasil, bem como, nos casos de concorrências públicas, não poderão elas figurarem como líderes do Consórcio (conforme disposto no § 1.º do art. 33 da Lei n. 8.666/93[138]).

Por fim, sendo um contrato plurilateral, o Consórcio deve conter, ao menos, duas partes, sendo ilimitado o número máximo de consorciadas. Eventualmente, em Consórcios instrumentais ou operacionais que visem à contratação com o Poder Público, é comum que este faça limitações à quantidade de participantes no Consórcio, com vistas a aumentar a competitividade dos certames.

2.2 O Vínculo Jurídico entre as Consorciadas e a Boa-fé

Conforme dito acima, os consórcios empresariais possuem certas características especiais, ou seja, suas partes são empresárias, o seu objeto visa à satisfação do objeto social das sociedades contratantes e, por último, o seu objetivo final é o lucro pelas consorciadas.

A importância de se identificar um contrato como empresarial reside na sua interpretação, que tende a ser equânime com relação aos contratantes, diferentemente do que ocorre, por exemplo, em contratos de

---

[137] MOREIRA, Egon Bockmann. Os Consórcios empresariais e as licitações públicas: considerações em torno do art. 33 da Lei 8.666/93. **Revista Eletrônica de Direito Administrativo Econômico: REDAE**, Salvador, BA, v. 0, n. 3, p. 1-19, ago. 2005. Disponível em: <http://www.direitodoestado.com/revista/REDAE-3-AGOSTO-2005-EGON   BOCKMANN.pdf>. Acesso em: 16 out. 2016.

[138] BRASIL. Lei n. 8.666, de 21 de junho de 1993. Regulamenta o art. 37, inciso XXI, da Constituição Federal, institui normas para licitações e contratos da Administração Pública e dá outras providências. Palácio do Planalto Presidência da República, Brasília, DF, 21 de junho de 1993. Disponível em: <https://www.planalto.gov.br/ccivil_03/Leis/L8666cons.htm>. Acesso em: 28 nov. 2016.

2. DO VÍNCULO JURÍDICO ENTRE AS EMPRESAS QUE COMPÕEM O CONSÓRCIO

trabalho, contratos consumeristas e até mesmo naqueles regulados exclusivamente pelas normas de direito civil[139].

Para a interpretação dos contratos de Consórcio, deve-se voltar às regras de interpretação dos negócios jurídicos em geral[140]. Nesse sentido, em primeiro lugar, deve-se analisar se o instrumento contratual – o contrato de Consórcio –, de fato, contém os requisitos legais que permitam o seu enquadramento como tal, nos termos dos artigos 278 e 279 da Lei das Sociedades por Ações. Em seguida, devem-se identificar quais as características de tal negócio jurídico a fim de se compreenderem os limites de sua abrangência e seus principais efeitos legais.

Além disso, na interpretação dos contratos, deve-se ater ao sentido das declarações expressas no instrumento contratual, visando identificar a real vontade das partes.

Segundo Orlando Gomes[141] as regras de interpretação dos contratos:

> São disposições legais de *interpretação subjetiva* nesses códigos: a) na interpretação de um contrato deve-se indagar qual foi a *intenção comum* das partes; b) o intérprete não deve limitar-se ao sentido literal da linguagem, mas averiguar o espírito do contrato; c) tal como a lei, o contrato deve ser interpretado *sistematicamente*, interpretando-se suas cláusulas umas por meio das outras e atribuindo-se a cada qual o sentido que emerge da totalidade; d) as cláusulas de um contrato de adesão ou predeterminadas por um dos contraentes em fórmula impressa interpretam-se, na dúvida, em favor do outro [...].
>
> São regras de *interpretação objetiva*: a) o contrato deve ser interpretado segundo a boa-fé; b) a interpretação deve conduzir à conservação do contrato, de modo que produza efeitos, como também devem produzi-los suas

---

[139] Kleber Luiz Zanchim afirma, nesse sentido, que, "enquanto nos contratos sem a causa geral própria (contratos de consumo e paritários) a interpretação pode ser mais benevolente para uma ou ambos os contratantes, nos contratos empresariais isso não se admite. Com o nível de informação que os empresários têm ao firmar esses contratos, os deveres, as obrigações e, principalmente, os riscos neles distribuídos devem ser analisados com a firmeza que o mundo empresarial exige". Conforme: ZANCHIM, Kleber Luiz. **Contratos empresariais:** Categoria – Interface com contratos de consumo e paritários – Revisão Judicial. São Paulo: Quartier Latin, 2012. p. 87.

[140] Conforme: GOMES, Orlando. **Introdução ao direito civil**. 21. ed. rev. e atual. por Edvaldo Brito e Reginalda Paranhos de Brito. Rio de Janeiro: Forense, 2016. p. 352 e ss.

[141] GOMES, Orlando. **Introdução ao direito civil**. 21. ed. rev. e atual. por Edvaldo Brito e Reginalda Paranhos de Brito. Rio de Janeiro: Forense, 2016. p. 352 e ss.

cláusulas; c) no caso de permanecer obscuro depois de observadas as regras hermenêuticas estabelecidas, deve o contrato gratuito ser interpretado no sentido menos gravoso para a parte com posição de devedor, enquanto no contrato oneroso a interpretação deve conduzir ao maior equilíbrio das prestações (*extrema ratio*).

Das regras acima mencionadas por Orlando Gomes, dá-se destaque àquela que se refere à boa-fé, pois esta é a que mais se destaca nos contratos de Consórcio, como se passa a demonstrar.

O contrato de Consórcio, conforme explicado na primeira parte deste trabalho, é um contrato de duração e, como tal, merece destaque a atuação das partes durante todo o período em que estiverem vinculadas, desde o nascimento do contrato, o seu desenvolvimento e encerramento, inclusive durante a fase pós-contratual[142].

Nas obrigações duradouras, as fases do contrato são dinâmicas e interdependentes, requerendo alta colaboração e cooperação entre as partes. Para Clóvis do Couto e Silva[143], "uma das características desse tipo de vínculo [obrigação duradoura] é a maior consideração à pessoa, partícipe do vínculo, com maior intensidade de deveres, resultantes da concreção do princípio da boa-fé". As relações complexas são, fundamentalmente, duradouras, de caráter sucessivo, nas quais se percebem diversos elementos integrantes da relação, além daqueles tradicionais acima mencionados. As obrigações complexas são representadas por direitos e obrigações surgidos no decorrer do tempo, em razão das vicissitudes das relações de longo prazo.

Ao longo de uma relação contratual complexa, é possível que direitos e obrigações, principais ou laterais, sejam criados, modificados ou extintos. Essa dinâmica da relação contratual é traduzida como um processo obrigacional. Nas palavras de Paula Forgioni[144], "o contrato é um filme e não uma fotografia".

---

[142] Conforme: SILVA, Clóvis V. do Couto e; SILVA, Luciana Gardolinski do Couto e. **A obrigação como processo**. 1. ed. digital. Rio de Janeiro: FGV, 2011. Disponível em: <https://ler. amazon.com.br//>. Acesso em: 27 nov. 2016.

[143] SILVA, Clóvis V. do Couto e; SILVA, Luciana Gardolinski do Couto e. **A obrigação como processo**. 1. ed. digital. Rio de Janeiro: FGV, 2011. Disponível em: <https://ler.amazon.com. br//>. Acesso em: 27 nov. 2016.

[144] FORGIONI, Paula A. **Contratos empresariais**: teoria geral e aplicação. 2. ed. rev., atual. e ampl. São Paulo: Editora Revista dos Tribunais, 2016. p. 21.

2. DO VÍNCULO JURÍDICO ENTRE AS EMPRESAS QUE COMPÕEM O CONSÓRCIO

Em contraste, existem obrigações simples, em que os vínculos formados entre as partes são perenes e as obrigações se extinguem quase que de maneira imediata, sem se prolongarem ou se renovarem ao longo do tempo. Como ensina Judith Martins-Costa[145], as obrigações simples são aquelas instantâneas, cujo vínculo existente entre as partes é "eminentemente bipolar", ou seja, verificam-se, claramente, os 3 (três) elementos das relações obrigacionais, a saber: credor, crédito e devedor.

Nesse sentido, pode-se imaginar uma linha reta na qual de um lado estariam as obrigações simples e, de outro, as duradouras, e, entre os opostos, estariam inúmeros negócios jurídicos que possuem características mistas.

Para Paula Forgioni[146] as obrigações simples apresentadas por Clóvis do Couto e Silva seriam características dos contratos de intercâmbio, enquanto as obrigações duradouras estariam presentes em sua forma mais nítida nas sociedades, sendo que entre eles estariam os contratos híbridos.

Os contratos de intercâmbio são caracterizados por interesses opostos das partes. Por exemplo, em uma compra e venda, o vendedor tem como interesse principal trocar um bem por dinheiro e, ao revés, o comprador pretende trocar moeda por um bem. Em tais situações, o grau de colaboração e vinculação entre as partes pode ser considerado baixo, uma vez que os contratos desse tipo, em geral, se esgotam de forma muito rápida.

Por outro lado, os contratos de sociedade tendem a se estender por longos períodos, sendo possível verificar, entre as partes, as seguintes características, já apontadas por Paula Forgioni[147]: (i) fim comum; (ii) contribuições dos sócios; e (iii) *affectio societatis*. Importante destacar, todavia, que, atualmente, entende-se que a *affectio societatis* não é elemento caracterizador de uma sociedade. Tanto é assim que nas sociedades anônimas de capital aberto os acionistas, muitas vezes, nem sequer se conhecem, de maneira que é totalmente inexistente a *affectio societatis*.

---

[145] MARTINS-COSTA, Judith. **A boa-fé no direito privado**: sistema e tópica no processo obrigacional. 1. ed., 2. tir. São Paulo: Editora Revista dos Tribunais, 2000. p. 383 e ss.

[146] FORGIONI, Paula A. **Contratos empresariais**: teoria geral e aplicação. 2. ed. rev., atual. e ampl. São Paulo: Editora Revista dos Tribunais, 2016. p. 48.

[147] FORGIONI, Paula A. **Contratos empresariais**: teoria geral e aplicação. 2. ed. rev., atual. e ampl. São Paulo: Editora Revista dos Tribunais, 2016. p. 181.

Assim, percebe-se que, para se associarem em sociedade, as partes precisam confiar umas nas outras, bem como dispor-se a colaborar mutuamente com o desenvolvimento do objeto social, comprometendo-se, ainda, a efetuar os aportes necessários, correndo todos os riscos do empreendimento, nos termos da lei.

Diante de tal cenário, Paula Forgioni[148] ensina que os "contratos de colaboração ou híbridos surgem da necessidade de evitar os inconvenientes que adviriam da celebração de extensa série de contratos de intercâmbio desconectados, como os custos de transação, e da fuga da rigidez típica dos esquemas societários [ou hierárquicos]".

Os contratos de Consórcio, como destacado acima, não são contratos de sociedade[149], todavia, também não podem ser considerados meramente contratos de intercâmbio. São contratos de longa duração que exigem alta colaboração e organização das partes, de forma a viabilizar o atingimento de seu objeto – a execução de um empreendimento determinado. Tratam-se, os Consórcios, de estruturas intermediárias entre a rigidez legal aplicável às sociedades e a flexibilidade relativa aos contratos de simples troca[150]. Pode-se dizer que os Consórcios, como contratos

---

[148] FORGIONI, Paula A. **Contratos empresariais**: teoria geral e aplicação. 2. ed. rev., atual. e ampl. São Paulo: Editora Revista dos Tribunais, 2016. p. 49.

[149] Sobre as semelhanças entre o contrato de sociedade e o contrato de consórcio, vale destacar a lição de Ana Frazão: "Do ponto de vista da organização e estruturação, os Consórcios assemelham-se muito ao contrato de sociedade. Basta lembrar que, dentre as cláusulas obrigatórias do referido tipo contratual, encontram-se muitas igualmente presentes nos contratos de sociedade, tais como (i) duração, endereço e foro; (ii) definição das obrigações e responsabilidade de cada sociedade consorciada e das prestações específicas; (iii) normas sobre recebimento de receitas e partilha de resultados; (iv) normas sobre administração do Consórcio, contabilização, representação das sociedades consorciadas e taxa de administração, se houver; (v) forma de deliberação sobre assuntos de interesse comum, com o número de votos que cabe a cada consorciado; e (vi) contribuição de cada consorciado para as despesas comuns, se houver (art. 279, da Lei n. 6.404/1976).
Outra semelhança com o contrato de sociedade decorre da assunção conjunta do risco da nova atividade, o que envolve a criação de meios para arrecadar fundos e partilhar resultados. Por todas essas razões, e até mesmo em razão de estarem estruturados legalmente, não há maiores discussões no sentido de que os Consórcios são efetivamente um contrato associativo" (FRAZÃO, Ana. **Joint ventures contratuais**. RIL, Brasília, v. 207, n. 52, p. 187-211, jul. 2015. Disponível em: <http://www2.senado.leg.br/bdsf/bitstream/handle/id/515194/001049176.pdf?sequence=1>. Acesso em: 12 out. 2016).

[150] Conforme: FRAZÃO, Ana. **Joint ventures contratuais**. RIL, Brasília, v. 207, n. 52, p. 187-211, jul. 2015. Disponível em: <http://www2.senado.leg.br/bdsf/bitstream/handle/id/515194/001049176.pdf?sequence=1>. Acesso em: 12 out. 2016.

2. DO VÍNCULO JURÍDICO ENTRE AS EMPRESAS QUE COMPÕEM O CONSÓRCIO

híbridos, estão bastante próximos aos contratos de sociedade, porém, não se confundem com estes na medida em que não constituem uma nova pessoa jurídica, apesar do alto grau de colaboração e organização existente entre as partes.

Com relação ao dever de colaboração, é importante destacar que este se encontra presente, em certa medida, em todos os tipos contratuais e decorre diretamente do princípio da boa-fé contratual. Ocorre que, nos contratos de simples troca, tal dever é considerado apenas uma obrigação colateral, enquanto nos contratos associativos, tais como o Consórcio, a cooperação aparece como um de seus elementos fundamentais.

Tal como a troca é essencial à compra e venda, a colaboração se coloca como elemento essencial aos contratos de Consórcio. Assim, Ana Frazão[151] esclarece que:

> Assim, o que distingue os contratos associativos dos demais contratos híbridos e mesmo dos contratos de troca não é propriamente a existência de cooperação, mas sim o grau e o tipo desta. Nos contratos de simples troca, a cooperação é um dever lateral, já que as prestações das partes são naturalmente distintas e contrapostas. Nos contratos híbridos *lato sensu*, a cooperação é intensa e típica dos contratos relacionais, mas não chega necessariamente ao ponto de se traduzir em empresa comum com identidade de propósitos entre os contratantes.

Além da cooperação, é possível identificar outra semelhança entre os contratos de Consórcio e as sociedades, trata-se da organização. Para que seja possível o desenvolvimento do empreendimento, as partes deverão organizar-se de forma a viabilizar o compartilhamento de suas estruturas e conhecimentos, visando obter sucesso na empreitada.

É muito comum, em Consórcios empresariais, a presença de estruturas organizacionais muito semelhantes àquelas existentes nas sociedades. Por vezes, ter-se-á um conselho de administração, uma diretoria e diversas gerências, cada qual com seu escopo de atividades claramente definido no contrato de constituição de Consórcio e/ou em suas normas e procedimentos internos. Todavia, é evidente que não se pode atribuir

---

[151] FRAZÃO, Ana. **Joint ventures contratuais**. RIL, Brasília, v. 207, n. 52, p.187-211, jul. 2015. Disponível em: <http://www2.senado.leg.br/bdsf/bitstream/handle/id/515194/001049176. pdf?sequence=1>. Acesso em: 12 out. 2016.

a tais órgãos internos do Consórcio as mesmas funções existentes nos órgãos societários, visto que estes possuem previsão legal, enquanto aqueles são criados por contrato.

Na realidade, por se tratar de um contrato plurilateral, no qual todas as partes contratantes buscam um mesmo objetivo, a organização constitui-se como um meio para o atingimento de tal fim, motivo pelo qual se encontra presente, em maior ou menor grau, em todos os tipos de contratos plurilaterais[152].

A colaboração e a organização, nos contratos de Consórcio, decorrem da aplicação do princípio da boa-fé, que deve ser observado pelas partes durante toda a relação contratual.

Na lição de Miguel Reale[153], a boa-fé pode ser analisada sob 2 (dois) aspectos, um objetivo e outro subjetivo. Sob o ponto de vista objetivo, a boa-fé corresponde a um dever de lealdade, que deve orientar a conduta de todos os contratantes. Por outro lado, a boa-fé subjetiva pode ser compreendida como "uma atitude psicológica, isto é, uma decisão da vontade, denotando o convencimento individual da parte de obrar em conformidade com o direito".

Como se sabe, o artigo 113 do Código Civil[154] é claro ao estabelecer que os negócios jurídicos devem ser interpretados conforme a boa-fé e os usos do lugar de sua celebração (boa-fé subjetiva). No mesmo sentido, o artigo 422 do referido diploma determina que os contratantes deverão agir observando os princípios de probidade e boa-fé durante toda a relação contratual (boa-fé objetiva).

A despeito dos diversos entendimentos acerca das distinções entre a boa-fé subjetiva e objetiva, para os fins do presente trabalho importa reconhecer a relevância da boa-fé objetiva para o mundo empresarial.

Sobre o tema, merece destaque o ensinamento de Paula Forgioni[155]:

---

[152] Conforme FRAZÃO, Ana. **Joint ventures contratuais**. RIL, Brasília, v. 207, n. 52, p. 187-211, jul. 2015. Disponível em: <http://www2.senado.leg.br/bdsf/bitstream/handle/id/515194/001049176.pdf?sequence=1>. Acesso em: 12 out. 2016.

[153] REALE, Miguel. A boa-fé no código civil. **Revista de Direito Bancário e do Mercado de Capitais**. vol. 21. p. 11-13. Jul.-Set./2003.

[154] BRASIL. Lei n. 10.406, de 10 de janeiro de 2002. Institui o Código Civil. Palácio do Planalto Presidência da República, Brasília, DF, 10 de janeiro de 2002. Disponível em: <http://www.planalto.gov.br/ccivil_03/leis/2002/L10406.htm>. Acesso em: 28 nov. 2016.

[155] FORGIONI, Paula A. **Contratos empresariais**: teoria geral e aplicação. 2. ed. rev., atual. e ampl. São Paulo: Editora Revista dos Tribunais, 2016. p. 121.

2. DO VÍNCULO JURÍDICO ENTRE AS EMPRESAS QUE COMPÕEM O CONSÓRCIO

Evitando as armadilhas da definição de noções jurídicas que dão ampla margem à interpretação, reconhecemos que, *para o direito comercial, agir de acordo com a boa-fé significa adotar o comportamento jurídica e normalmente esperado dos "comerciantes cordatos", dos agentes econômicos ativos e probos em determinado mercado* [ou "em certo ambiente institucional"], *sempre de acordo com o direito.* Trata-se, a toda evidência, da *boa-fé objetiva.*

Dessa forma, no direito empresarial, a boa-fé deve sempre ser compreendida como um comportamento probo, correto, conforme os padrões de mercado, sem subjetivismos.

O comportamento de acordo com a boa-fé no mundo dos negócios é muito importante na medida em que reduz os custos de transação, uma vez que, quando se confia que as partes agirão de forma correta e nos termos inicialmente acordados, a previsibilidade de seu comportamento futuro é maior, logo, gasta-se menos na mitigação dos possíveis riscos pelo descumprimento das obrigações[156].

Para António Manuel da Rocha e Menezes Cordeiro[157], confiar é acreditar que determinadas representações passadas, presentes ou futuras são efetivas. No caso, quando um sócio confia no outro, ele acredita que as suas condutas, pretéritas, atuais e seguintes são legítimas.

Nesse sentido, o comportamento colaborativo e leal implica vantagem para todos os envolvidos, na medida em que o rompimento do relacionamento, em geral, leva a perdas irrecuperáveis, considerados os investimentos que são necessários para dar início a qualquer parceria e que, posteriormente, não se revertem em bens suscetíveis de valorização antes do término do empreendimento.

Além disso, no ambiente empresarial colaborativo, a confiança entre os parceiros é essencial para a sobrevivência nos negócios, tendo em vista que, um comportamento oportunista pode colocar em risco a reputação de uma empresa, ocasionando o seu consequente isolamento. Esse problema se torna ainda mais proeminente nos dias atuais, tendo

---

[156] Conforme: MACEDO JR., Ronaldo Porto. **Contratos relacionais e de defesa do consumidor**. 2. ed. São Paulo: Revista dos Tribunais, 2007. p. 146.

[157] MENEZES CORDEIRO, António Manuel da Rocha e. **Da boa-fé no direito civil.** Coimbra: Livraria Almedina, 1997. p. 1234.

em vista a facilidade de divulgação das informações ao mercado, com a utilização da internet e outros meios de comunicação[158].

Para Paula Forgioni[159], a boa-fé objetiva está diretamente ligada ao conceito de confiança, segundo o qual cada parte avalia o comportamento da parte contrária e tenta prever como ela se comportará na relação a ser travada, de forma que, caso a parte acredite que tudo correrá bem, tenderá a gastar menos para se proteger contra eventuais inadimplementos.

No mesmo sentido, Kleber Luiz Zanchim[160] acentua que o dever de boa-fé está relacionado com a confiança entre os contratantes, na medida em que, para que seja possível trabalhar por um fim comum, é necessário o desejo de se trabalhar em conjunto.

Além disso, é importante reiterar que, no direito empresarial, por se estar diante de partes igualmente capazes de mensurar os riscos de cada operação, não há que se aproveitar do conceito da boa-fé para induzir a uma hipossuficiência de qualquer das partes. Nesse sentido, destaca-se novamente a lição de Paula Forgioni[161]:

> No direito comercial, o respeito ao princípio da boa-fé não pode levar, em hipótese alguma, a uma excessiva proteção de uma das partes, sob pena de desestabilização do sistema. O "erro de cálculo" do agente é um instrumento que premia a eficiência de outro. No processo de interpretação dos contratos mercantis, a boa-fé não pode ser confundida com equidade ou com "consumerismo", erro em que incidem vários autores não habituados à dinâmica do mercado.

De tal modo, há que se utilizar o conceito de boa-fé negocial com muita cautela e sabedoria. Para tanto, Judith H. Martins Costa[162] ensina

---

[158] Sobre a importância do comportamento não oportunista em contratos colaborativos, ver: FORGIONI, Paula A. **Contratos empresariais**: teoria geral e aplicação. 2. ed. rev., atual. e ampl. São Paulo: Editora Revista dos Tribunais, 2016. p. 197.

[159] FORGIONI, Paula A. **Contratos empresariais**: teoria geral e aplicação. 2. ed. rev., atual. e ampl. São Paulo: Editora Revista dos Tribunais, 2016. p. 73 e 131.

[160] ZANCHIM, Kleber Luiz. **Contratos empresariais.** Categoria – Interface com contratos de consumo e paritários – Revisão Judicial. São Paulo: Quartier Latin, 2012. p. 128.

[161] FORGIONI, Paula A. **Contratos empresariais**: teoria geral e aplicação. 2. ed. rev., atual. e ampl. São Paulo: Editora Revista dos Tribunais, 2016. p. 124.

[162] MARTINS-COSTA, Judith H. O Direito Privado como um "sistema em construção": As cláusulas gerais no Projeto do Código Civil brasileiro. **Revista de Informação Legislativa,** Brasília, v. 139, n. 35, p. 5-22, jul. 1998.

que, no direito comercial, a boa-fé objetiva opera de 3 (três) formas, a saber:

(i) como uma norma de interpretação e integração contratual, que funciona como determinante do comportamento devido e esperado em cada situação, bem como representa recurso hábil à integração das lacunas e omissões existentes no contrato. Nesse sentido, a boa-fé fundamenta a *teoria da aparência*, a vedação ao enriquecimento sem causa, o abuso de direito, dentre outros;

(ii) como limite ao exercício de direitos subjetivos, de forma que quaisquer condutas contrárias à satisfação contratual são inadmissíveis do ponto de vista da boa-fé contratual, tal como ocorre na vedação à resolução do contrato na hipótese de se verificar o seu adimplemento substancial, ou nos princípios da *exceptio non adimpleti contractus* e do *venire contra factum proprium*; e

(iii) como fonte autônoma de direitos e obrigações às partes. Neste caso, os agentes econômicos, ao celebrarem contratos empresariais, acabam se vinculando a comportamentos que não foram explicitamente negociados. Existem, nos contratos complexos, os deveres primários, que são a prestação efetivamente contratada, bem como os deveres secundários, ou laterais, tais como os deveres de cuidado, de informação, de prestar contas, de colaboração e cooperação, dentre outros[163].

Assim, para o direito empresarial, a boa-fé se constitui como uma norma objetiva que deve pautar não apenas a interpretação e a formação dos contratos, mas, também, a orientação da conduta dos contratantes durante a relação.

Identificam-se com o comportamento de boa-fé o dever de cooperação, de agir com coerência, a proibição ao comportamento contraditório, dentre outros. Tais deveres são ainda mais intensificados nos contratos colaborativos, nos quais as partes agem em conjunto para o atingimento de um fim comum.

---

[163] MARTINS-COSTA, Judith. **A boa-fé no direito privado**: sistema e tópica no processo obrigacional. 1. ed., 2. tir. São Paulo: Editora Revista dos Tribunais, 2000. p. 427 e ss.

António Manuel da Rocha e Menezes Cordeiro[164] define a atuação de boa-fé como aquela que observa os "deveres de informação e de lealdade, de base legal, que podem surgir em situações diferenciadas, onde as pessoas se relacionem de modo específico".

Segundo Antônio Junqueira de Azevedo[165], o Consórcio, por ser um contrato empresarial relacional, exige forte colaboração para o atingimento de seus fins e, nesse sentido, exige um nível de boa-fé diferenciado daquele aplicável aos chamados contratos existenciais, nos quais agir com boa-fé significa tão somente não agir com má-fé. Nos contratos de Consórcio, tendo em vista a indefinição acerca do futuro da relação entre as partes, a boa-fé inclui deveres anexos positivos, que importam em uma efetiva conduta proativa das partes, tal como o dever de informar.

Igualmente, Fabiana Carsoni Alves Fernandes da Silva[166] explica que, por serem contratos associativos, de cooperação ou de colaboração, nos Consórcios, as partes devem guardar, em sua relação, um dever de lealdade acentuado, pois, do contrário, não será possível atingir o escopo comum visado por elas. Com relação a tal dever de lealdade, a autora[167] esclarece que:

> No nosso ordenamento, o dever de lealdade traduz-se no princípio da boa-fé objetiva, estampado no art. 422 do Código Civil, e aplicável a todo e qualquer contrato, seja em sua conclusão, seja em sua execução. Ocorre que, nos contratos de colaboração, como os Consórcios, a boa-fé objetiva é exigida com maior rigor, na medida em que, nestas espécies contratuais, as partes atuam em conjunto e em sintonia, fundadas na confiança recíproca,

---

[164] MENEZES CORDEIRO, António Manuel da Rocha e. **Da boa-fé no direito civil.** Coimbra: Livraria Almedina, 1997. p. 648.

[165] AZEVEDO, Antonio Junqueira de. Natureza jurídica do contrato de consórcio: Classificação dos Atos jurídicos quanto ao número de partes e quanto aos efeitos. Os contratos relacionais. A boa-fé nos contratos relacionais. Contratos de duração. Alteração das circunstâncias e onerosidade excessiva. Sinalagma e resolução contratual. Resolução parcial do contrato. Função social do contrato. **Revista dos Tribunais,** São Paulo, v. 832/2005, n. 0, p. 115-137, fev. 2005. Disponível em: <http://revistadostribunais.com.br/maf/app/resultList/document?&src=rl&srguid=i0ad6adc500000158a65d3a>. Acesso em: 27 nov. 2016. (Paginação da versão eletrônica difere da versão impressa.)

[166] SILVA, Fabiana Carsoni Alves Fernandes da. **Consórcios de Empresas**: Aspectos Jurídicos Relevantes. São Paulo: Quartier Latin, 2015. p. 59.

[167] SILVA, Fabiana Carsoni Alves Fernandes da. **Consórcios de Empresas**: Aspectos Jurídicos Relevantes. São Paulo: Quartier Latin, 2015. p. 59.

2. DO VÍNCULO JURÍDICO ENTRE AS EMPRESAS QUE COMPÕEM O CONSÓRCIO

unindo interesses e prestações, de modo a viabilizar o empreendimento comum. Daí porque se requer, com maior intensidade, que as partes atuem com honestidade, lealdade e correção em contratos desta natureza.

No mesmo sentido, ao tratar dos contratos de aliança, Wanderley Fernandes[168] aborda a questão da boa-fé nos contratos de cooperação:

> Nesse sentido, classificado como um contrato de cooperação e relacional, o princípio da boa-fé, por exemplo, deverá ser aplicado de maneira mais estrita, quase aproximando-se do dever específico de lealdade do direito societário.

Assim, nos contratos de Consórcio, as partes devem manter o mais estrito padrão de boa-fé, sendo que, nesses casos, o dever de informar não é apenas uma obrigação anexa ao contrato, mas sim integrante de uma das suas obrigações principais. Todos os elementos do negócio deverão ser compartilhados entre as partes, que não poderão ocultar quaisquer informações uma da outra, sob pena de prejudicar o desenvolvimento do empreendimento.

Ocorre que, muitas vezes, as partes envolvidas em determinado negócio jurídico colaborativo deixam de observar os padrões da boa-fé, o que pode fazer surgir, naturalmente, um conflito entre elas. A esse respeito, cumpre destacar a lição de Paula Forgioni[169]:

> A partir do instante em que a quebra da confiança trabalha contra o próprio direito, é natural e desejável que normas jurídicas coajam os agentes econômicos a respeitá-las. Por isso, o sistema de direito comercial como um todo está voltado à tutela de princípios como a boa-fé objetiva e a confiança. *Negócios que são possíveis em um ambiente institucional com fortes garantias de cumprimento das obrigações podem não ser viáveis em ambientes institucionais fracos – porque não seria conveniente para as partes negociar nessa última situação.* Uma das funções do direito comercial é buscar a criação de um ambiente que torne as negociações compensatórias.

---

[168] FERNANDES, Wanderley; RODRIGUEZ, Caio Farah. Aspectos contratuais da "aliança" em empreendimentos de infraestrutura. In: FERNANDES, Wanderley (Coord.). **Contratos empresariais**: contratos de organização da atividade econômica. São Paulo: Saraiva, 2011. p. 165.

[169] FORGIONI, Paula A. **Teoria geral dos contratos empresariais**. São Paulo: Editora Revista dos Tribunais, 2009. p. 103.

Portanto, para o escopo do presente trabalho, é importante ter em vista que as partes em um Consórcio devem sempre agir com estrita boa-fé, pois, na hipótese de um conflito, o órgão julgador irá se valer do conceito de boa-fé como (i) forma de interpretação e integração do contrato; (ii) limite ao exercício de certos direitos pelas partes; e, por fim, (iii) fonte autônoma de direitos e obrigações.

2.3 O Inadimplemento de Obrigações pelas Consorciadas

Como já dito anteriormente, a legislação sobre contratos de Consórcio dá total liberdade às consorciadas para definirem e delimitarem os contornos de suas responsabilidades e obrigações.

Nesse sentido, é essencial que as partes, no momento de redigirem o documento de constituição do Consórcio, atentem-se a esse fato e explicitem, da forma mais clara e detalhada possível, como cada uma das consorciadas contribuirá para o empreendimento, bem como os limites de sua responsabilidade perante as demais consorciadas e terceiros. É possível, por exemplo, que apenas uma das consorciadas obrigue-se diante de terceiros, desde que isso esteja claramente explicitado no documento de constituição do Consórcio registrado perante a Junta Comercial, a fim de que a limitação possa ser imposta ao terceiro.

Essa flexibilidade negocial, contudo, não é absoluta. A despeito da mencionada liberdade de que dispõem as partes, algumas leis, como a n. 8.666/1973[170] e a n. 8.987/1995[171], que tratam da contratação com o Poder Público, estabelecem a solidariedade entre as consorciadas como uma exigência para a participação em certames. Sob o ponto de vista tributário, a Lei n. 12.402/2011 também estabelece a responsabilidade solidária das consorciadas com relação ao cumprimento das obrigações principais e acessórias do Consórcio (art. 1º).

---

[170] BRASIL. Lei n. 8.666, de 21 de junho de 1993. Regulamenta o art. 37, inciso XXI, da Constituição Federal, institui normas para licitações e contratos da Administração Pública e dá outras providências. Palácio do Planalto Presidência da República, Brasília, DF, 21 de junho de 1993. Disponível em: <https://www.planalto.gov.br/ccivil_03/Leis/L8666cons. htm>. Acesso em: 28 nov. 2016.

[171] BRASIL. Lei n. 8.987, de 13 de fevereiro de 1995. Dispõe sobre o regime de concessão e permissão da prestação de serviços públicos previsto no art. 175 da Constituição Federal, e dá outras providências. Palácio do Planalto Presidência da República, Brasília, DF, 13 de fevereiro de 1995. Disponível em: <http://www.planalto.gov.br/ccivil_03/leis/L8987cons. htm>. Acesso em: 28 nov. 2016.

2. DO VÍNCULO JURÍDICO ENTRE AS EMPRESAS QUE COMPÕEM O CONSÓRCIO

De toda forma, ao estabelecerem obrigações para cada uma das partes em um Consórcio, todas as consorciadas confiam umas nas outras e esperam o seu perfeito adimplemento por todos os contratantes. Mas é de esperar que, na prática, se verifique o descumprimento de tais obrigações por uma ou mais consorciadas, sendo esta uma das fontes de litígio mais comuns em contratos dessa natureza.

No caso, como já mencionado acima, por se tratar de um contrato plurilateral, as obrigações das partes em um Consórcio não se verificam em favor das demais partes, mas são todas convergentes em torno de um mesmo fim, sendo, portanto, inaplicáveis a exceção do contrato não cumprido e a resolução por inadimplemento contratual, institutos moldados para serem aplicados aos contratos bilaterais, nos quais há a figura do sinalagma. A esse respeito, vale destacar o ensinamento de Pontes de Miranda[172]:

> O Consórcio tem por fito a apreciação coletiva dos interesses, ou do interesse. Substitui à atividade individual, singular, a atividade uniforme. As prestações são plúrimas convergentes (bilaterais ou plurilaterais), o que distingue o contrato de Consórcio, mesmo de duas sociedades, dos contratos bilaterais, que têm correspectividade. O consorte não presta ao outro consorte, mas à empresa consorcial, razão por que não se há de pensar em resilição por inadimplemento, nem em exceção *non adimpleti contractus* ou *non rite adimpleti contractus*. As prestações estão destinadas ao fim comum, e não ao patrimônio do outro figurante.
>
> [...]
>
> O inadimplemento de dever ou o adimplemento ruim de dever dos contraentes pode determinar: *a) a indenização, b)* a exceção *non adimpleti contractus* o a exceção *non rite adimpleti contractus*, ou *c)* a resilição do contrato (se há prestações correspectivas). Não, porém, quanto a *b)* e *c)*, em se tratando de contratos plurilaterais, porque o fato de um dos figurantes deixar de adimplir não justificaria que o outro figurante ou os outros figurantes pudessem deixar de adimplir, ou se pudessem cobrir com a exceção *non adimpleti contractus* ou a *non rite adimpleti contractus*.

---

[172] PONTES DE MIRANDA, Francisco Cavalcanti. **Tratado de direito privado**: Direito das obrigações: sociedade por ações (continuação): sociedade em comandita por ações. Controle das sociedades. Sociedades de investimento, de crédito e de financiamento. São Paulo: Editora Revista dos Tribunais, 2012. p. 323 e 349.

Assim, caso constatado algum inadimplemento por qualquer das consorciadas cabe às demais partes cobrarem o cumprimento específico da obrigação inadimplida (tutela específica) ou, na hipótese deste se tornar impossível, uma indenização em relação aos prejuízos incorridos em razão de tal descumprimento contratual.

Para ilustrar a situação, imagine-se um Consórcio vertical, cujo objeto é a construção de uma usina hidroelétrica, sendo uma parte responsável pela construção das estruturas e a outra, pelo fornecimento dos equipamentos necessários à operação da planta. Na hipótese de qualquer uma das partes não cumprir com suas obrigações, a outra não terá como fazê-lo em seu lugar, uma vez que não possui capacitação técnica para tanto. Nesse sentido, o descumprimento pode gerar um atraso na entrega do empreendimento e, consequentemente, implicar a aplicação de altíssimas multas pelo contratante final.

Assim sendo, caso as partes sejam solidariamente responsáveis perante o contratante final pela entrega do empreendimento, apesar da divisão de suas obrigações (que é o que geralmente ocorre nas contratações públicas, por exemplo), o inadimplemento ocasionará prejuízos a todas as consorciadas.

No caso de inadimplemento por qualquer das partes, poderá o credor exigir o seu devido adimplemento ou as perdas e danos incorridos. Sobre o assunto, Clóvis do Couto e Silva[173] ensina:

> A prestação primária corresponde ao débito; e a prestação secundária, a qual se relaciona com perdas e danos, constitui responsabilidade. É preciso, porém, ter presente que a responsabilidade é elemento da obrigação e coexiste com o débito. Não é totalmente correto afirmar que a responsabilidade surge, apenas, quando se manifesta adimplemento insatisfatório ou recusa em adimplir. Em tal caso, pode o credor prejudicado pôr em atividade um dos dois elementos que formam a obrigação perfeita: débito e responsabilidade.
>
> Caracteriza-se a obrigação perfeita pela possibilidade que tem o credor de poder exigir (pretensão) o adimplemento ou perdas e danos.

---

[173] SILVA, Clóvis V. do Couto e; SILVA, Luciana Gardolinski do Couto e. **A obrigação como processo**. 1. ed. digital. Rio de Janeiro: FGV, 2011. Disponível em: <https://ler.amazon.com.br//>. Acesso em: 27 nov. 2017.

2. DO VÍNCULO JURÍDICO ENTRE AS EMPRESAS QUE COMPÕEM O CONSÓRCIO

No exemplo acima, para se mitigarem os riscos da aplicação de eventuais penalidades pelo contratante final, caberá às consorciadas adimplentes a propositura de uma ação condenatória, para imposição de obrigação de fazer, na qual pediriam ao magistrado a imposição do cumprimento das obrigações inadimplidas, sob pena de fixação de multa diária. Poderia ser formulado nessa demanda requerimento de tutela provisória, nos termos dos artigos 294 e seguintes do Código de Processo Civil[174], a fim de que se determinassem, de pronto, medidas que assegurassem o resultado útil do processo. Se ainda assim a parte remanescer inadimplente – a despeito da multa diária –, abre-se também a alternativa da conversão da obrigação em perdas e danos, e consequente obtenção de indenização.

Outra via que pode se abrir no caso concreto é a execução de obrigação de fazer, fundada em título extrajudicial – o contrato de constituição do Consórcio –, com base nos artigos 815 e seguintes do Código de Processo Civil[175].

Na primeira hipótese, a demanda seguirá o procedimento comum, previsto pelos artigos 318 e seguintes do Código de Processo Civil[176], inclusive com a designação, se for o caso, de audiência de conciliação ou mediação prevista no seu artigo 334, e posterior oferta de contestação pelo réu, na forma do artigo 335 do Código de Processo Civil[177]. Na segunda hipótese, isto é, de ajuizamento de execução, a consorciada inadimplente será citada para satisfazer a obrigação no prazo previsto no contrato de constituição do Consórcio, no contrato principal, ou em prazo a ser fixado pelo juiz. Também aqui poderá ser fixada multa pelo

---

[174] BRASIL. Lei n. 13.105, de 16 de março de 2015. Código de Processo Civil. Palácio do Planalto Presidência da República, Brasília, DF, 16 de março de 2015. Disponível em: <https://www.planalto.gov.br/ccivil_03/_ato2015-2018/2015/lei/l13105.htm>. Acesso em: 28 nov. 2016.

[175] BRASIL. Lei n. 13.105, de 16 de março de 2015. Código de Processo Civil. Palácio do Planalto Presidência da República, Brasília, DF, 16 de março de 2015. Disponível em: <https://www.planalto.gov.br/ccivil_03/_ato2015-2018/2015/lei/l13105.htm>. Acesso em: 28 nov. 2016.

[176] BRASIL. Lei n. 13.105, de 16 de março de 2015. Código de Processo Civil. Palácio do Planalto Presidência da República, Brasília, DF, 16 de março de 2015. Disponível em: <https://www.planalto.gov.br/ccivil_03/_ato2015-2018/2015/lei/l13105.htm>. Acesso em: 28 nov. 2016.

[177] BRASIL. Lei n. 13.105, de 16 de março de 2015. Código de Processo Civil. Palácio do Planalto Presidência da República, Brasília, DF, 16 de março de 2015. Disponível em: <https://www.planalto.gov.br/ccivil_03/_ato2015-2018/2015/lei/l13105.htm>. Acesso em: 28 nov. 2016.

descumprimento (CPC, art. 814[178]). Caso, após citada, a parte inadimplente permanecer inerte, poderá a autora requerer (i) a satisfação da obrigação por terceiro, às expensas da parte inadimplente, ou (ii) a conversão da obrigação de fazer em perdas em danos, com o pagamento da respectiva indenização.

Sobre a possibilidade de o próprio Consórcio demandar contra a consorciada inadimplente, Modesto Carvalhosa[179] assevera que, para que isso seja possível é necessária a existência uma cláusula expressa nesse sentido, no contrato de constituição do Consórcio, a saber:

> Pergunta-se se o Consórcio, pela sua direção, pode acionar uma das consorciadas pelo inadimplemento de obrigações consorciais. Essa possibilidade somente poderá existir se assim expressamente convencionarem as consorciadas. Na falta de ajuste, a legitimidade de um Consórcio contra seus participantes não deve ser admitida. Assim, haverá sempre a legitimidade do Consórcio quanto a terceiros e, excepcionalmente, quanto às consorciadas.

Portanto, na hipótese de inadimplemento por qualquer das consorciadas, é necessário averiguar se o Consórcio possui legitimidade para propor isoladamente a demanda, com base na existência de cláusula contratual nesse sentido e, do contrário, as demais partes terão legitimidade para figurar como autoras, visto estarem diante da possibilidade de prejuízo em decorrência da conduta da consorciada inadimplente – o que justifica o seu interesse de agir.

---

[178] BRASIL. Lei n. 13.105, de 16 de março de 2015. Código de Processo Civil. Palácio do Planalto Presidência da República, Brasília, DF, 16 de março de 2015. Disponível em: <https://www.planalto.gov.br/ccivil_03/_ato2015-2018/2015/lei/l13105.htm>. Acesso em: 28 nov. 2016.

[179] CARVALHOSA, Modesto. **Comentários à Lei das Sociedades Anônimas.** arts. 243 a 300 da Lei 6.404, de 15 de dezembro de 1976, com as modificações da Lei n. 11.941, de 27 de maio de 2009. 4. ed. rev. e atual. São Paulo: Saraiva, 2011. p. 453, 4º v., t. II.

3. Solução de Controvérsias entre as Consorciadas

3.1 Considerações Gerais

Entrar em conflito é da natureza humana. As dissidências decorrem de percepções e expectativas diversas a respeito de qualquer assunto.

No âmbito dos Consórcios, além dos conflitos decorrentes do inadimplemento de obrigações contratuais, vistos no capítulo anterior, podem as consorciadas litigar por inúmeros outros motivos. Nesse sentido, com base em estudos sobre economia comportamental, Paula Forgioni[180] aponta alguns dos motivos pelos quais as empresas entram em conflito, a saber: (i) excessivo otimismo ao celebrar contratos; (ii) confiança exagerada; (iii) crença de que, após ocorrido o problema, ele seria previsível no passado; (iv) falso consenso entre as partes; (v) persistência em decisões que não se mostram mais adequadas ao momento; (vi) quebra de reciprocidade; (vii) aversão à iniquidade; (viii) tendência de permanecer em grupos e afastar aqueles que não partilham das mesmas visões; (ix) crença de que perder é pior do que não ganhar; (x) senso de justiça; e, por último, (xi) o efeito ancoragem, segundo o qual, quem pede mais, tende a receber mais.

Carlos Eduardo de Vasconcelos[181] alerta que "o conflito não é algo que deva ser encarado negativamente. É impossível uma relação inter-

---

[180] FORGIONI, Paula A. **Contratos empresariais**: teoria geral e aplicação. 2. ed. rev., atual. e ampl. São Paulo: Editora Revista dos Tribunais, 2016. p. 105.

[181] VASCONCELOS, Carlos Eduardo de. **Mediação de conflitos e práticas restaurativas.** 5. ed. rev., atual. e ampl. Rio de Janeiro: Forense; São Paulo: Método, 2017. p. 21.

pessoal plenamente consensual". Assim, para que se possa conviver em harmonia dentro de uma sociedade, há que se encarar os conflitos com maturidade, visando obter soluções por meio de técnicas especiais de negociação e mediação.

Há que se mudar a forma de pensar um conflito. A visão das partes de se colocarem em posições opostas e imaginarem que o seu sucesso somente será possível com o fracasso do outro não é sustentável no ambiente empresarial. Essa, inclusive, vem sendo a orientação dos órgãos judiciários no Brasil, conforme estudo recente do Conselho Nacional de Justiça[182], a saber:

> A possibilidade de se perceber o conflito de forma positiva consiste em uma das principais alterações da chamada moderna teoria do conflito. Isso porque a partir do momento em que se percebe o conflito como um fenômeno natural na relação de quaisquer seres vivos é possível se perceber o conflito de forma positiva.

É muito comum, nos Consórcios, que as partes recorram ao Poder Judiciário ou mesmo ao juízo arbitral a fim de obterem uma solução aos conflitos surgidos durante a relação contratual. Ocorre que, na maioria das vezes, a interferência de um terceiro, alheio ao negócio, nem sempre resultará na melhor solução possível para o problema. Isso, pois, o juiz ou os árbitros, em geral, não possuem experiência no gerenciamento de empresas e podem tomar decisões sem levar em consideração os interesses negociais envolvidos.

Sobre o tema, vale destacar o dizer de André Camargo[183] a respeito dos litígios societários:

> Parece não haver uma fórmula ideal, ao menos trivial, para se resolver conflitos entre sócios, administradores e a própria sociedade. São inúmeros interesses em jogo, alguns não claramente manifestados, outros possivelmente irreconciliáveis, mas muitos deles com alto potencial de resolução.

---

[182] BRASIL. CONSELHO NACIONAL DE JUSTIÇA. Manual de Mediação Judicial. 2016. Disponível em: <http://www.cnj.jus.br/files/conteudo/arquivo/2016/07/f247f5ce-60df2774c59d6e2dddbfec54.pdf>. Acesso em: 23 jan. 2017.

[183] CAMARGO, André Antunes Soares de. A assembleia geral: melhor forma de solução de conflitos societários? In: YARSHELL, Flávio Luiz; PEREIRA, Guilherme Setoguti J. (coords.). **Processo societário**. São Paulo: Quartier Latin, 2015. p. 47, v. II.

3. SOLUÇÃO DE CONTROVÉRSIAS ENTRE AS CONSORCIADAS

Em especial em nosso País, no qual recorrer ao Poder Judiciário para solucionar conflitos societários parece ser uma "saga" interminável. Nem mesmo a arbitragem parece ser uma forma perfeita de solução dessas questões.

Por tais razões, André Camargo[184] defende que a melhor solução para os conflitos societários é a reunião dos próprios sócios, uma vez que a heterocomposição pode implicar prejuízos ainda maiores para as partes. Este entendimento pode ser facilmente aplicável aos Consórcios, na medida em que, apesar de não possuírem natureza societária, são também contratos plurilaterais.

Na mesma linha, Luciano Benetti Timm[185] explica que a intervenção judicial nos contratos pode trazer enorme insegurança jurídica, na medida em que eventuais custos relativos a eventuais perdas em confrontos judiciais serão repassados à sociedade, por meio de aumentos nos preços ou tarifas praticadas.

Segundo Aldemar de Miranda Motta Júnior[186]:

> Na autocomposição, as próprias partes buscam, consensualmente, uma solução para seu conflito de interesses. Essa forma de composição do litígio aparece quando não há a sujeição forçada de um dos litigantes. É muito utilizada em nosso ordenamento jurídico, da seguinte forma: (i) renúncia: é a abdicação que o titular faz do seu direito, sem transferi-lo a quem quer que seja; é o abandono voluntário do direito; (ii) reconhecimento jurídico do pedido: trata-se da livre sujeição do réu à pretensão do autor, pondo fim ao conflito; é exatamente o inverso da renúncia; (iii) transação: nesta forma de composição, o autor renuncia parcialmente à sua pretensão, enquanto o réu reconhece a procedência da parte não renunciada – tudo de comum acordo.

---

[184] CAMARGO, André Antunes Soares de. A assembleia geral: melhor forma de solução de conflitos societários? In: YARSHELL, Flávio Luiz; PEREIRA, Guilherme Setoguti J. (coords.). **Processo societário**. São Paulo: Quartier Latin, 2015. p. 64, v. II.

[185] TIMM, Luciano Benetti. Ainda sobre a função social do direito contratual no Código Civil brasileiro: justiça distributiva *versus* eficiência econômica. In: TIMM, Luciano Benetti et al. **Direito e economia**. 2. ed. rev. e atual. Porto Alegre: Livraria do Advogado Editora, 2008. p. 66.

[186] MOTTA JÚNIOR, Aldemar de Miranda et al. **Manual de Mediação de Conflitos para Advogados**: Escrito por Advogados. 2014. Disponível em: <http://mediacao.fgv.br/wp-content/uploads/2015/11/Manual-de-Mediacao-para-Advogados.pdf>. Acesso em: 23 jan. 2017.

PREVENÇÃO E SOLUÇÃO DE CONFLITOS EM CONSÓRCIOS EMPRESARIAIS

A autocomposição envolve, portanto, a negociação direta das partes envolvidas no litígio, de forma que estas encontrarão um caminho para solucionar suas diferenças e obter um acordo, o qual envolverá a renúncia a direitos, o reconhecimento dos pedidos da parte adversa ou mútuas concessões.

De acordo com estudos do Conselho Nacional de Justiça[187]:

> Em uma negociação simples e direta, as partes têm, como regra, total controle sobre o processo e seu resultado. Assim, em linhas gerais, as partes: i) escolhem o momento e o local da negociação; ii) determinam como se dará a negociação, inclusive quanto à ordem e ocasião de discussão de questões que se seguirão e o instante de discussão das propostas; iii) podem continuar, suspender, abandonar ou recomeçar as negociações; iv) estabelecem os protocolos dos trabalhos na negociação; v) podem ou não chegar a um acordo e têm o total controle do resultado. E mais, a negociação e o acordo podem abranger valores ou questões diretamente relacionadas à disputa e variam, significativamente, quanto à matéria e à forma, podendo, inclusive, envolver um pedido de desculpas, trocas criativas, valores pecuniários, valores não pecuniários. Assim, todos os aspectos devem ser considerados relevantes e negociáveis.

Assim, para viabilizar a autocomposição entre as consorciadas, é essencial que o contrato de constituição do Consórcio preveja mecanismos eficientes, de forma clara e completa. A seguir serão apresentadas algumas possíveis construções a serem incluídas nos contratos de Consórcio, como meios de solução de conflitos sem a intervenção de terceiros.

3.2 Previsão Contratual de Mecanismos de Solução de Impasses

Como já dito acima, os contratos de Consórcio são naturalmente incompletos, visto que é impossível prever tudo que pode acontecer ao longo da relação entre as partes. De fato, se as partes se ativerem apenas às matérias listadas na Lei das Sociedades por Ações, diversas questões não serão abordadas. Nesse sentido, durante a redação dos acordos consorciais, é importante que sejam tomadas algumas precauções.

---

[187] BRASIL. CONSELHO NACIONAL DE JUSTIÇA. **Manual de Mediação Judicial.** 2016. Disponível em: <http://www.cnj.jus.br/files/conteudo/arquivo/2016/07/f247f5ce-60df2774c59d6e2dddbfec54.pdf>. Acesso em: 23 jan. 2017.

3. SOLUÇÃO DE CONTROVÉRSIAS ENTRE AS CONSORCIADAS

Ao optarem pela formação de um Consórcio, ao invés de uma sociedade, as partes devem levar em consideração que este tipo contratual é extremamente aberto, tal como visto acima, sendo muito pouco regulado pela legislação, de maneira que o trabalho do advogado, ao redigir o instrumento de constituição da parceria, não pode ser deixado de lado. A esse respeito, vale ressaltar o alerta feito por Deborah Kirschbaum, Vanessa Rahal Conado e Thaís de Barros Meira[188], a saber:

A opção pela formação de uma aliança contratual "semiforte" traz consigo problemas típicos relativos a troca de informações, dinâmica deliberativa, definições de obrigações e responsabilidades, participação nas receitas e despesas e meios admitidos de saída. Enquanto que o modelo societário impõe respostas normativas claras a estes problemas (e portanto num certo sentido oferece maior segurança às partes), no Consórcio há relativamente maior liberdade para que as partes decidam como resolvê-los, o que lhes demanda bastante cuidado ao clausular o instrumento consorcial.

Para mitigar, então, os riscos de controvérsias em Consórcios, em primeiro lugar, retomando o quanto afirmado por inúmeras vezes nos capítulos anteriores, a redação das cláusulas deve ser muito clara e objetiva, evitando-se obscuridades e cláusulas abertas, que deixem margem a interpretações dúbias. Isso, pois, eventuais falhas na escrita contratual serão consideradas como riscos do negócio, conforme ensina Paula Forgioni[189]:

A redação dos contratos é resultado de processo de barganha; reduz-se a escrito o que foi possível naquele determinado contexto. As partes anseiam pelo contrato e evitam lançar obstáculos durante a negociação que poderiam, no limite, abortar a operação econômica. Esquivam-se de "adiantar o problema", deixando lacuna veladamente proposital ou empregando palavras ambíguas.

---

[188] KIRSCHBAUM, Deborah; CONADO, Vanessa Rahal; MEIRA, Thaís de Barros. Consórcio e sociedade em conta de participação: planejamento tributário ilícito. In: PRADO, Roberta Nioac; PEIXOTO, Daniel Monteiro; DINIZ DE SANTI, Eurico Marcos (coord.). **Direito societário**: estratégias societárias, planejamento tributário e sucessório. São Paulo: Saraiva, 2009. p. 428.

[189] FORGIONI, Paula A. **Contratos empresariais**: teoria geral e aplicação. 2. ed. rev., atual. e ampl. São Paulo: Editora Revista dos Tribunais, 2016. p. 76.

De qualquer forma, a *lacuna ou a redação confusa são riscos assumidos pelas partes*. Se o contrato não contempla determinada hipótese, se sua redação é falha, o risco é das partes, que devem arcar com as consequências de suas opções estratégicas. Cabe à parte suportar eventuais prejuízos decorrentes da falta de posicionamento sobre questões futuras, durante o processo negocial.

Efetivamente, as partes devem refletir e ponderar acerca dos riscos envolvidos na contratação de um Consórcio, não podendo desprezar as formalidades do contrato e a estrutura da parceria.

Além disso, para que possam mitigar os riscos da contratação de um Consórcio, as partes devem compreender corretamente qual será a sua função dentro da parceria, bem como o que pretendem com o empreendimento a ser desenvolvido, pois somente dessa maneira será possível elaborar uma redação contratual que preveja incentivos ou penalidades para viabilizar os interesses de cada parte.

Nesse sentido, sugere-se que os contratos de Consórcio abordem os seguintes pontos: a) formas de adaptação da relação às necessidades e circunstâncias futuras; b) limitação das possibilidades de inadimplemento pelas partes; c) direcionamento de possíveis oportunismos das partes; d) endereçamento de eventuais acontecimentos imprevisíveis e extraordinários que possam afetar o contrato[190].

Sobre o primeiro item, ou seja, a adaptação do Consórcio às necessidades e circunstâncias futuras, sugere-se prever, no contrato de constituição do Consórcio, mecanismos que viabilizem o entendimento das partes por meio de reuniões.

Podem ser criadas diversas instâncias decisórias, tal como se verifica nas sociedades anônimas. Assim, pode-se estabelecer que cada órgão terá poderes para decidir acerca de determinado assunto, e aqueles que não puderem ser resolvidos pelas instâncias inferiores serão levados à decisão das diretorias das consorciadas.

Além disso, também é possível que se atribua, a uma das partes, o poder de desempate nas decisões consorciais. Ou seja, cria-se um mecanismo de *voto de minerva* para se preservar a continuidade do contrato.

---

[190] Conforme: FORGIONI, Paula A. **Teoria geral dos contratos empresariais.** São Paulo: Editora Revista dos Tribunais, 2009. p. 187.

3. SOLUÇÃO DE CONTROVÉRSIAS ENTRE AS CONSORCIADAS

Em tais casos, há, todavia, que se evitar a possibilidade de abuso de poder pela parte que detém o voto de desempate, o que pode ser feito mediante a análise da função econômica da cláusula que lhe deu tal direito.

Wanderley Fernandes e Caio Farah Rodriguez[191] apresentam algumas formas de se evitarem abusos pela parte que detém o direito ao voto de desempate:

> Entre outros mecanismos, encontram-se: a outorga de voto de qualidade em forma rotativa entre as partes, a caracterização do voto de qualidade como provisório (sujeito a um mecanismo independente de decisão, como a arbitragem), a delimitação das situações em que o voto de qualidade pode ser exercido (por exemplo, situações em que seja caracterizada alguma urgência ou matérias específicas) e a atribuição à parte que detiver o voto de qualidade de responsabilidade individual pelas consequências adversas da decisão tomada (desde que a outra parte registre sua discordância e a decisão alternativa que tomaria, para evitar o oportunismo desta) e, no limite, o impedimento ao voto quando caracterizado o desalinhamento dos interesses de uma das partes aos interesses do empreendimento, em suas diversas fases, e assim por diante.

Para que as reuniões entre as consorciadas sejam efetivas, há que se estabelecerem também regras com relação às formalidades necessárias à sua convocação (quem pode convocar, forma de convocação, prazo de antecedência da reunião, dentre outros), quórum de instalação, eleição de presidente da mesa e secretário, local (sede do consórcio, das consorciadas) e modo de realização da reunião (presencial, por videoconferência, dentre outros).

Portanto, para que a parceria consorcial possa sobreviver ao longo do tempo, é importante a existência de mecanismos que viabilizem a tomada de decisão pelas partes durante a execução do empreendimento.

Para se evitar o descumprimento das obrigações assumidas pelas partes em um contrato de Consórcio, é possível a criação de cláusulas penais que prevejam sanções específicas para a parte inadimplente, sendo

---

[191] FERNANDES, Wanderley e RODRIGUEZ, Caio Farah. Aspectos contratuais da "aliança" em empreendimentos de infraestrutura. In: FERNANDES, Wanderley (coord.). **Contratos empresariais**: contratos de organização da atividade econômica. São Paulo: Saraiva, 2011. p. 155.

possível, inclusive, a exclusão desta consorciada, tal como explicitado por Pontes de Miranda[192]:

> Ao contrato de Consórcio é dado prever qual a sanção pelo inadimplemento ou adimplemento ruim dos deveres dos figurantes consorciados. As sanções podem ser diferentes conforme a gravidade do ato lesivo, seja positivo, seja negativo, ou por serem os atos decorrentes da atividade comum ou conexa, ou de membros do órgão consórtil. [...]. A cláusula contratual pode ser penal, ou de suspensão ou de exclusão da empresa consorciada. A sanção pode ser aplicada pela assembleia, ou pelo órgão diretor do Consórcio.
>
> Cumpre atender-se a que o contrato de Consórcio não é de prestações correspectivas, mas sim de prestações convergentes, razão por que se têm de evitar cláusulas que bilateralizariam o contrato e criariam, por exemplo, exceção *non adimpleti contractus* ou *non rite adimpleti contractus*.

Com a inclusão de cláusulas penais, em especial aquela que prevê a exclusão de consorciada inadimplente, pretende-se evitar a judicialização do conflito com a potencial suspensão das atividades do Consórcio durante o curso do processo.

É possível que o contrato de Consórcio preveja também a possibilidade de ingresso de terceiros no Consórcio, para substituir a consorciada que foi expulsa.

Em seguida, para se prevenir o comportamento oportunista de uma das partes, é possível valer-se dos contratos de aliança. Uma das características interessantes de tais contratos é que eles são regidos por uma série de princípios previamente estabelecidos entre as partes. Tais princípios servirão de base para a interpretação de todas as cláusulas contratuais e para a solução de eventuais impasses entre as partes. Tendo em vista que os contratos de aliança são também contratos de parceria que muito se assemelham aos contratos de Consórcio, é possível que tais princípios também sejam adotados nesta formação associativa.

---

[192] PONTES DE MIRANDA, Francisco Cavalcanti. **Tratado de direito privado**: Direito das obrigações: sociedade por ações (continuação): sociedade em comandita por ações. Controle das sociedades. Sociedades de investimento, de crédito e de financiamento. São Paulo: Editora Revista dos Tribunais, 2012. p. 341.

3. SOLUÇÃO DE CONTROVÉRSIAS ENTRE AS CONSORCIADAS

Alguns desses princípios, segundo Arent Van Wassenaer[193], são:

(i) *Best for the Project* ou "melhor para o projeto", segundo o qual todas as decisões tomadas no âmbito da parceria considerarão o que for melhor para o projeto, e não necessariamente para as partes;

(ii) Suficiência de poderes, ou seja, as empresas devem garantir que os seus prepostos responsáveis pelo desenvolvimento da parceria possuam poderes suficientes para decidir quaisquer questões que possam surgir ao longo do desenvolvimento do empreendimento;

(iii) Consenso nas decisões no âmbito da parceria, exceto em questões em que o contrato expressamente preveja a prevalência da decisão de uma das partes sobre as demais;

(iv) *Open book* ou "política de livro aberto", na qual todos os custos, gastos e recebíveis decorrentes da parceria são de conhecimento de todas as partes. Ou seja, não são admissíveis lucros ocultos ou supervalorização de prejuízos, devendo as partes serem transparentes umas com as outras de forma a viabilizar a parceria da melhor forma possível;

(v) *No blame* ("sem culpa"), de maneira que as partes abrem mão de culpar umas às outras por erros ou problemas com a execução do empreendimento, entendendo que falhas acontecem e que o importante é solucioná-las, em conjunto e com base no que for melhor para o projeto. As partes realmente comprometem-se a envidar seus melhores esforços para evitar quaisquer conflitos e resolver eventuais divergências sem prejuízo ao projeto; e

(vi) Manutenção de uma boa comunicação entre as partes, que será aberta e honesta. Não obstante estabelecerem o princípio da boa colaboração, podem as partes classificar determinadas informações como confidenciais e restringir o seu uso por terceiros alheios à parceria.

---

[193] VAN WASSENAER, Arent. Alianças e parcerias como métodos de assegurar a entrega de projetos melhores. In: SILVA, Leonardo Toledo da (coord.). **Direito e Infraestrutura**. São Paulo: Saraiva, 2012. p. 93/94.

Utilizando-se dos princípios acima mencionados, é possível que sejam mitigados comportamentos oportunistas pelas partes, ou, no limite, ainda que estes venham a ocorrer, ficará mais fácil ao julgador analisar se a conduta foi ou não abusiva.

Por fim, com relação à necessidade de readaptação dos negócios a fatos imprevisíveis e extraordinários, Paula Forgioni[194] sugere a utilização de *cláusulas de adaptação*, semelhantes às *hardship clauses* utilizadas nos contratos internacionais. Trata-se de dispositivos contratuais que preveem a renegociação de determinadas condições, na eventualidade de superveniências que tornem a execução do contrato, na forma originalmente contratada, excessivamente onerosa para uma das partes, em benefício das demais.

Judith H. Martins-Costa[195] destaca a importância da inclusão de mecanismos de adaptação em contratos de longa duração, como forma de solucionar problemas decorrentes do surgimento de fatos supervenientes que impactem na execução do contrato, a saber:

> Os "contratos evolutivos" são, justamente, contratos "incompletos" contendo em sua estrutura um projeto de adaptação à realidade. Seu método é o da estruturação combinada entre cláusulas rígidas, integralmente pré--determinadas e outras "abertas", ou "lacunosas", carecendo de preenchimento conforme o evoluir das circunstâncias. Sua peculiaridade está em suscitar a continuidade da relação entre as partes por via de renegociação e de ajustes periodicamente feitos, o próprio contrato prevendo "uma planificação com lacunas" acompanhadas, ao mesmo tempo, da "previsão de mecanismos para a sua revisão ou a readaptação". A planificação é, portanto, em grande medida, "constitucional" ou "procedimental" ao contrato.
>
> [...]

---

[194] FORGIONI, Paula A. **Contratos empresariais**: teoria geral e aplicação. 2. ed. rev., atual. e ampl. São Paulo: Editora Revista dos Tribunais, 2016. p. 147.

[195] MARTINS-COSTA, Judith H. A cláusula de *hardship* e a obrigação de renegociar nos contratos de longa duração. **Revista de Arbitragem e Mediação,** São Paulo, v. 25/2010, n. 2010308, p. 11-39, abr. 2010. Disponível em: <http://revistadostribunais.com.br/maf/app/widgetshomepage/resultList/document?&src=rl&srguid=i0ad6adc600000158a82d0ef123 697321&docguid=I79fba0c0f25511dfab6f010000000000&hitguid=I79fba0c0f25511dfab6f 010000000000&spos=20&epos=20&td=58&context=83&crumb-action=append&crumb--label=Documento&isDocFG=false&isFromMultiSumm=true&startChunk=1&endChu nk=1>. Acesso em: 2 nov. 2016. (Paginação da versão eletrônica difere da versão impressa.)

3. SOLUÇÃO DE CONTROVÉRSIAS ENTRE AS CONSORCIADAS

É função dos mecanismos adaptativos criados pela autonomia privada converter uma relação contratual estática em uma "relação evolutiva", viabilizando às partes impedir que circunstâncias modificativas, no mais das vezes externas e subtraídas de sua esfera de controle, alterem de maneira substancial a composição de interesses econômicos originariamente programada. Por essas características, os contratos evolutivos são comparados com um ser vivo e com um sistema, metáforas que bem dão conta de sua adaptabilidade e transformabilidade.

De tal forma, caso as partes optem pela inclusão de uma cláusula *hardship* nos contratos de Consórcio, é essencial que detalhem, com clareza e precisão, quais eventos ensejarão a renegociação do contrato. Sem a limitação das circunstâncias que motivarão a alteração das condições originalmente pactuadas, o contrato ficará excessivamente aberto, dando ensejo a comportamentos oportunistas pelas partes, o que deve ser evitado.

Por exemplo, em um Consórcio em que uma das partes seja responsável pelo fornecimento de insumos e a outra pela produção de determinado bem, podem as partes estabelecer que, caso o custo dos insumos atinja determinado valor de mercado, o contrato será revisto.

A validade das cláusulas *hardship* em contratos nacionais encontra guarida na autonomia da vontade das partes, pois, ao não ser expressamente proibida a inclusão de tal dispositivo e, em se tratando de direitos patrimoniais, deve-se entender pela sua possibilidade no âmbito dos contratos privados.

Para Judith H. Martins-Costa[196], a renegociação dos contratos que possuem cláusula de *hardship* deverá ocorrer mediante a realização de reuniões específicas para tal fim, segundo o princípio da boa-fé, não podendo qualquer das partes recusar-se a negociar, injustificadamente.

---

[196] MARTINS-COSTA, Judith H. A cláusula de *hardship* e a obrigação de renegociar nos contratos de longa duração. **Revista de Arbitragem e Mediação,** São Paulo, v. 25/2010, n. 2010308, p. 11-39, abr. 2010. Disponível em: <http://revistadostribunais.com.br/maf/app/widgetshomepage/resultList/document?&src=rl&srguid=i0ad6adc600000158a82d0ef123697321&docguid=I79fba0c0f2551ldfab6f010000000000&hitguid=I79fba0c0f2551ldfab6f010000000000&spos=20&epos=20&td=58&context=83&crumb-action=append&crumb-label=Documento&isDocFG=false&isFromMultiSumm=true&startChunk=1&endChunk=1>. Acesso em: 2 nov. 2016. (Paginação da versão eletrônica difere da versão impressa.)

Além das formas de solução de conflitos acima mencionadas, poder-se-ia pensar em incluir, no contrato de constituição do Consórcio, procedimentos similares aos institutos do recesso, retirada e exclusão de consorciadas, tal como previsto na legislação societária.

Como já dito, o Consórcio não tem natureza jurídica de uma sociedade, de maneira que os referidos institutos não seriam aplicáveis de plano na hipótese de divergências entre as consorciadas. Nesse sentido, é possível a inclusão, no contrato de Consórcio, de cláusulas prevendo soluções semelhantes ao recesso, retirada e exclusão de sócios. Além disso, tendo em vista os negócios processuais, previstos no Código de Processo Civil (art. 190), também se mostra interessante a inclusão de cláusula contratual prevendo a aplicação de procedimento judicial semelhante à ação de dissolução de consórcio (art. 599).

Entretanto, antes de se incluir qualquer dispositivo que implique a modificação da composição do Consórcio, deve-se atentar se tais alterações não estão vetadas ou condicionadas à anuência prévia de terceiros, como o contratante principal ou algum banco financiador do projeto. Em tais situações, deve-se buscar harmonizar os acordos, a fim de se evitarem contradições.

Passa-se agora a detalhar cada um dos referidos institutos societários, a fim de se compreender como estes poderiam ser aplicados, analogamente, aos Consórcios.

O recesso é o instituto por meio do qual o sócio que discordar de determinadas deliberações sociais terá o direito de se retirar da sociedade, recebendo, em contrapartida, o valor de suas quotas ou ações. Priscila M. P. Correa da Fonseca[197] define o direito de recesso da seguinte forma:

> O denominado *direito de retirada* representa, na verdade, muito mais do que um direito, um poder do sócio de afastar-se da sociedade sempre que discordar de qualquer modificação do contrato social. Cuida-se, na realidade, do exercício de um direito potestativo diante do qual remanesce à sociedade e aos demais sócios apenas uma posição de mera sujeição. A eficácia do referido ato subordina-se, apenas e tão somente, à prova de que, do mesmo, à sociedade e aos consócios dê o retirante o necessário conheci-

---

[197] FONSECA, Priscila M. P. Corrêa da. **Dissolução parcial, retirada e exclusão de sócio.** 4. ed. São Paulo: Atlas, 2007. p. 12.

3. SOLUÇÃO DE CONTROVÉRSIAS ENTRE AS CONSORCIADAS

mento. E, do mesmo modo que não admite contestação ou aceitação por parte da sociedade, não reclama, por parte do sócio, justificação alguma, nem tampouco sequer a comprovação de que, da alteração do contrato social, lhe tenham advindo prejuízos de qualquer natureza.

Como se sabe, no caso dos Consórcios, a participação das partes não possui valor patrimonial, tal como ocorre com as quotas de uma sociedade limitada ou com as ações de uma sociedade anônima, de maneira que o recesso, tal como previsto na legislação em vigor, não teria aplicação imediata aos Consórcios.

Dessa forma, para que os Consórcios possam se valer de algum mecanismo semelhante ao recesso societário, há que se criar uma forma de compensação para a consorciada que discordar de deliberações do Consórcio. Como a participação em um consórcio não possui valor patrimonial, é possível que, ao exercer o direito de recesso, o Consórcio deva realizar um encontro das contas consorciais, com a apuração de eventuais créditos e débitos devidos de parte a parte.

Além disso, o contrato teria de especificar claramente quais seriam as hipóteses que ensejariam tal direito, tais como: modificação do contrato de constituição do Consórcio, admissão de novas partes no Consórcio, dentre outras.

Portanto, eventual cláusula de recesso em um contrato de Consórcio deve regular, ao menos, os seguintes itens: (i) situações que dão ensejo ao exercício do direito de recesso; (ii) forma de exercício do direito; (iii) deixar claro que o Consórcio e/ou as demais consorciadas não poderão se opor à retirada da consorciada; e (iv) forma a ser efetuado o cálculo para equilíbrio das contas do Consórcio, com a saída de uma das consorciadas.

Já a retirada é o instituto pelo qual, em sociedades simples e limitadas sem a regência supletiva das sociedades por ações, quando não há prazo determinado de duração de suas atividades, qualquer sócia pode, mediante simples notificação às demais sócias e à sociedade, retirar-se da associação. No caso de sociedades por prazo determinado ou naquelas sociedades limitadas com regência supletiva pela Lei das Sociedades por Ações, somente mediante justo motivo um sócio pode retirar-se da sociedade.

Nas palavras de Marcelo Fernandez Trindade e Thiago Saddi Tannous[198], o *"direito de retirada* é o direito do sócio de, unilateralmente, deixar a sociedade, em certas situações previstas pela lei, mediante o recebimento de certos direitos patrimoniais".

Tal instituto, todavia, encontra algumas restrições em sua aplicação aos Consórcios.

Em primeiro lugar, os Consórcios possuem prazo determinado ou determinável, de maneira que a retirada imotivada perde a sua razão fundamental de ser, qual seja, o princípio segundo o qual ninguém é obrigado a permanecer associado a outrem. No caso, se as partes deliberaram por se associar, por determinado período, para a execução de um empreendimento específico, deve prevalecer o princípio do *pacta sunt servanda*, sob pena de insegurança no ordenamento jurídico.

Conforme mencionado acima, nas sociedades por prazo determinado, admite-se também a retirada de sócio, desde que esta se dê por justo motivo. Discute-se muito a respeito do que seria a tal justa causa, porém, no caso dos Consórcios, acredita-se que este instituto seria de difícil aplicação, uma vez não ter o Consórcio natureza jurídica de sociedade, mas sim de um contrato plurilateral.

Em segundo lugar, como a maior parte dos Consórcios está vinculada a um contrato principal, para que ocorra qualquer alteração em sua composição, em geral, é necessária a anuência prévia do contratante, ou mesmo de algum órgão financiador.

Em terceiro lugar, coloca-se a dificuldade de se apurar quais seriam os direitos patrimoniais a que faria jus a consorciada retirante, pois, como já mencionado acima, os Consórcios, não possuem patrimônio próprio.

Dessa forma, caso as partes queiram incluir no instrumento de constituição do Consórcio alguma cláusula prevendo a possibilidade de as partes desligarem-se da parceria a qualquer tempo, deve-se, inicialmente, averiguar se isso é possível frente a um eventual contrato principal a que o Consórcio esteja vinculado e, em seguida, devem ser incluídos limites a tal exercício.

---

[198] TRINDADE, Marcelo Fernandez; TANNOUS, Thiago Saddi. O art. 1.032 do Código Civil e sua interpretação. In: YARSHELL, Flávio Luiz; PEREIRA, Guilherme Setoguti J. (coords.). **Processo societário**: São Paulo: Quartier Latin, 2015. p. 488, v. II.

3. SOLUÇÃO DE CONTROVÉRSIAS ENTRE AS CONSORCIADAS

As regras relativas aos direitos e obrigações que a consorciada retirante observará também devem ser claramente redigidas, tais como a possibilidade de pagamento de multa compensatória pela retirada antecipada da associação.

Com relação à possibilidade de se excluir uma ou mais consorciadas da parceria – o que é bastante comum em Consórcios para a construção de grandes empreendimentos de infraestrutura –, entende-se que isso seria possível por meio de uma cláusula penal que tem por objeto resolver o contrato com relação à parte inadimplente. Isso, pois, nesse tipo de associação, que envolve altos custos iniciais, o descumprimento de quaisquer obrigações das consorciadas pode gerar grande desequilíbrio na relação com as demais, de maneira que, geralmente, verificam-se cláusulas de exclusão da consorciada que não aporta os recursos necessários ao desenvolvimento das atividades regulares do Consórcio.

São frequentes, ainda, as cláusulas de exclusão de consorciada no caso de decretação de falência de qualquer das partes, situação em que esta ficará impedida de continuar contribuindo para o regular desenvolvimento do objeto do Consórcio.

Para viabilizar a exclusão de consorciada, sugere-se observar o seguinte procedimento: (i) necessidade de deliberação prévia aprovando a obrigação (i.e. o aporte de recursos no Consórcio) ou a sua previsão expressa no instrumento de constituição do Consórcio; (ii) existência de prazo para o cumprimento da obrigação; (iii) verificado o inadimplemento por qualquer das consorciadas, o Consórcio envia notificação à consorciada inadimplente, concedendo-lhe prazo suplementar para purgar sua mora; e ainda assim, caso se mantenha o inadimplemento da consorciada, (iv) convoca-se uma reunião com a presença das demais consorciadas, que deliberarão pela exclusão da consorciada inadimplente.

A reunião que tiver por objetivo deliberar pela exclusão da consorciada inadimplente deve seguir as regras de convocação, localização e instalação previstas no contrato de constituição, devendo ser respeitado o quórum mínimo indicado. A fim de se evitarem discussões, recomenda-se que as partes estabeleçam um quórum diferenciado para tal matéria, como, por exemplo, a unanimidade dos demais consorciados, desconsiderando-se o voto daquele que se pretende excluir.

Assim, caso seja aprovada a exclusão da consorciada inadimplente, para facilitar a celebração da respectiva alteração contratual, sugere-se a inclusão, no contrato de Consórcio, de cláusula mandato na qual todas as consorciadas outorguem-se mutuamente poderes para a celebração de tal aditivo. Desta forma, evita-se que a consorciada excluída recuse--se a assinar a alteração do contrato de Consórcio, o que poderia dificultar o seu registro perante a Junta Comercial competente.

Alternativamente à exclusão da consorciada inadimplente, pode-se prever uma penalidade mais branda, segundo a qual aquela que descumprir quaisquer obrigações ficará sujeita a ter sua proporção de participação no Consórcio reduzida.

Por se tratar de um contrato entre privados, envolvendo apenas questões patrimoniais, entende-se que tais cláusulas são plenamente válidas e exequíveis. É evidente que casos de abusos devem ser coibidos, porém, a exclusão ou a redução da participação da consorciada que descumpriu as condições previstas no contrato de constituição do Consórcio é admissível e relativamente comum no direito brasileiro.

Os três institutos acima mencionados – recesso, retirada e exclusão de consorciadas – possuem como consequência a dissolução parcial ou total da associação entre as partes[199]. Como se sabe, sob a perspectiva societária, a finalidade precípua dos referidos instrumentos é a preservação da empresa, na medida em que, ao retirar o membro que, respectivamente, não concorda com alguma decisão, não tem mais interesse em se manter associado, ou que foi expulso, permite-se a continuidade das atividades sem grandes impactos aos negócios desenvolvidos pela sociedade.

Em razão da importância da dissolução parcial das sociedades, o Código de Processo Civil[200] trouxe, em seu artigo 599 e seguintes, o regramento para a ação de dissolução parcial de sociedade.

---

[199] Conforme: BARBOSA, Henrique Cunha. Dissolução parcial, recesso e exclusão de sócios: diálogos e dissensos na jurisprudência e nos projetos de CPC e de Código Comercial. In: AZEVEDO, Luís André N. de Moura; CASTRO, Rodrigo R. Monteiro de (coord.). **Sociedade limitada contemporânea.** São Paulo: Quartier Latin, 2013. p. 355.

[200] BRASIL. Lei n. 13.105, de 16 de março de 2015. Código de Processo Civil. Palácio do Planalto Presidência da República, Brasília, DF, 16 de março de 2015. Disponível em: <https://www.planalto.gov.br/ccivil_03/_ato2015-2018/2015/lei/l13105.htm>. Acesso em: 28 nov. 2016.

3. SOLUÇÃO DE CONTROVÉRSIAS ENTRE AS CONSORCIADAS

De acordo com o disposto no artigo 599, I, do referido *códex*[201], "a ação de dissolução parcial de sociedade pode ter por objeto a resolução da **sociedade empresária contratual ou simples** em relação ao sócio falecido, excluído ou que exerceu o direito de retirada ou recesso" (grifos nossos). Além disso, na mesma ação serão apurados os haveres do sócio falecido, excluído, que se retirou ou que exerceu o seu direito de recesso, podendo, inclusive, este ser o único objeto da ação.

O parágrafo segundo do artigo supramencionado[202] também permite que a ação de dissolução parcial tenha por objeto sociedade anônima de capital fechado, desde que "demonstrado, por acionista ou acionistas que representem cinco por cento ou mais do capital social, que não pode preencher o seu fim".

Como visto, o Código de Processo Civil[203] é específico com relação à aplicabilidade da referida ação de dissolução parcial de sociedade apenas à sociedade empresária contratual ou simples e sociedade anônima de capital fechado. Não integra o referido rol a modalidade consorcial. Ou seja, os Consórcios, em princípio, não podem ser objeto de uma ação de dissolução parcial de sociedade, pois, como já visto acima, não são sociedades empresárias contratuais, simples e, muito menos, anônimas de capital fechado.

Ocorre que, apesar de o Código de Processo Civil não prever expressamente a possibilidade do ingresso de uma ação de dissolução parcial de Consórcio, tendo em vista os negócios processuais (art. 190 do Código de Processo Civil[204]), é possível prever contratualmente um

---

[201] BRASIL. Lei n. 13.105, de 16 de março de 2015. Código de Processo Civil. Palácio do Planalto Presidência da República, Brasília, DF, 16 de março de 2015. Disponível em: <https://www.planalto.gov.br/ccivil_03/_ato2015-2018/2015/lei/l13105.htm>. Acesso em: 28 nov. 2016.

[202] BRASIL. Lei n. 13.105, de 16 de março de 2015. Código de Processo Civil. Palácio do Planalto Presidência da República, Brasília, DF, 16 de março de 2015. Disponível em: <https://www.planalto.gov.br/ccivil_03/_ato2015-2018/2015/lei/l13105.htm>. Acesso em: 28 nov. 2016.

[203] BRASIL. Lei n. 13.105, de 16 de março de 2015. Código de Processo Civil. Palácio do Planalto Presidência da República, Brasília, DF, 16 de março de 2015. Disponível em: <https://www.planalto.gov.br/ccivil_03/_ato2015-2018/2015/lei/l13105.htm>. Acesso em: 28 nov. 2016.

[204] BRASIL. Lei n. 13.105, de 16 de março de 2015. Código de Processo Civil. Palácio do Planalto Presidência da República, Brasília, DF, 16 de março de 2015. Disponível em: <https://www.planalto.gov.br/ccivil_03/_ato2015-2018/2015/lei/l13105.htm>. Acesso em: 28 nov. 2016.

procedimento próprio a ser seguido pelo judiciário na hipótese em que se pretenda aplicar, de forma análoga, os institutos do recesso, retirada e exclusão de consorciadas, quando estes estiverem previstos na constituição do Consórcio.

O artigo 190 do Código de Processo Civil[205] permite às Partes estipularem mudanças no procedimento a ser adotado em juízo, como forma de adaptá-lo às suas necessidades. Para que sejam viáveis tais mudanças, devem elas versar sobre direitos que admitam autocomposição, bem como devem as partes ser plenamente capazes. A validade de tais convenções será controlada pelo juiz, sendo que este somente poderá deixar de aplicá-las caso sejam nulas ou abusivas.

Tal norma vem sendo questionada por muitos, que alegam sê-la inconstitucional, na medida em que retira do Estado o poder de regular os ritos processuais, competência esta que seria exclusiva do Congresso Nacional (Constituição Federal, art. 22, I) e, além disso, a instituição de procedimentos particulares para cada caso pode gerar um caos nos cartórios[206]. Tais posicionamentos, contudo, enfrentam resistência, visto que, na prática, cabe ainda ao Estado o controle da legalidade e da aplicabilidade dos negócios processuais. Evidentemente, que não serão admitidas convenções que inviabilizem o devido processo legal no âmbito do Poder Judiciário, em razão de eventuais limitações em sua estrutura.

De toda forma, até o momento, a Lei permanece em vigor, de maneira que, até que seja eventualmente declarada inconstitucional pelo Supremo Tribunal Federal, podem as partes estabelecer os negócios processuais.

Evidentemente que, para evitar quaisquer controvérsias, o ideal é que as partes, ao redigirem o contrato de constituição do Consórcio, detalhem exatamente o procedimento a ser seguido e não apenas façam menção à aplicação, ao Consórcio, do artigo 599 do Código de Processo

---

[205] BRASIL. Lei n. 13.105, de 16 de março de 2015. Código de Processo Civil. Palácio do Planalto Presidência da República, Brasília, DF, 16 de março de 2015. Disponível em: <https://www.planalto.gov.br/ccivil_03/_ato2015-2018/2015/lei/l13105.htm>. Acesso em: 28 nov. 2016.

[206] Conforme: HARTMANN, Rodolfo Kronemberg. **Novo Código de Processo Civil**. Niterói: Ímpetus, 2015. p. 187.

3. SOLUÇÃO DE CONTROVÉRSIAS ENTRE AS CONSORCIADAS

Civil[207]. Isso, pois, como já se disse, alguns dos institutos ora analisados são totalmente incompatíveis, *per se*, com os Consórcios, devendo ser observadas eventuais adaptações que se façam necessárias.

Assim, sugere-se que a cláusula contratual contenha, ao menos, o seguinte: (i) identificação dos documentos que devem acompanhar a petição inicial, como, por exemplo, o contrato de Consórcio; (ii) quem pode propor a ação – legitimidade ativa – o Consórcio, o consorciado que exerceu o direito de retirada ou de recesso, o sócio excluído; (iii) quem deverá constar do polo passivo – legitimidade passiva – o Consórcio isoladamente, os demais consorciados, o Consórcio e os demais consorciados; (iv) prazos processuais; (v) ônus sucumbenciais; (vi) forma de apuração e pagamento de eventuais haveres, ou cálculo de penalidade a ser aplicada ao sócio excluído; (vii) forma para definição da data da dissolução do Consórcio; dentre outros.

Para Pontes de Miranda[208] a saída de qualquer consorciada possui efeitos *ex nunc*, ou seja, a parte que se retirar do Consórcio responde pelos atos passados, tal como originalmente previsto. Entretanto, como visto acima, dado o caráter contratual do Consórcio, entende-se que as partes podem dispor livremente a respeito dos efeitos da saída de qualquer consorciada, mediante previsão expressa no próprio instrumento de constituição do Consórcio ou no documento que dispuser a respeito do afastamento de uma das partes.

Com isso, espera-se ter contribuído com a demonstração de algumas possíveis formas de se tornar o contrato de Consórcio mais completo, mediante a inclusão de cláusulas que busquem solucionar eventuais controvérsias surgidas no decorrer do desenvolvimento do empreendimento objeto do Consórcio.

---

[207] BRASIL. Lei n. 13.105, de 16 de março de 2015. Código de Processo Civil. Palácio do Planalto Presidência da República, Brasília, DF, 16 de março de 2015. Disponível em: <https://www.planalto.gov.br/ccivil_03/_ato2015-2018/2015/lei/l13105.htm>. Acesso em: 28 nov. 2016.

[208] PONTES DE MIRANDA, Francisco Cavalcanti. **Tratado de direito privado**: Direito das obrigações: sociedade por ações (continuação): sociedade em comandita por ações. Controle das sociedades. Sociedades de investimento, de crédito e de financiamento. São Paulo: Editora Revista dos Tribunais, 2012. p 348.

4. Outras Formas de Solução de Conflitos em Consórcios

4.1 Cláusulas Escalonadas

Não obstante a inclusão de cláusulas que prevejam mecanismos para que as partes possam, sozinhas, solucionar suas divergências, muitas vezes, é necessária a intervenção de terceiros para viabilizar o consenso entre as consorciadas e o seguimento das atividades do Consórcio. Essa ingerência pode ocorrer de diversas formas, como se passa a demonstrar.

Importante ressaltar, todavia, que o presente trabalho não tem a pretensão de examinar, detalhadamente, todos os meios de solução de conflitos existentes, mas apenas apresentar um panorama geral do que tratam os mais conhecidos deles e como estes podem ser mais bem utilizados no âmbito dos Consórcios.

É muito comum encontrar, nos contratos de Consórcio, cláusulas que prevejam a solução de eventuais conflitos entre as partes de forma escalonada, ou seja, obrigando-as a passar por uma série de etapas, antes de submeterem a divergência ao judiciário ou a um tribunal arbitral.

Nesse sentido, é possível estabelecer que, na hipótese de eventual controvérsia, as partes devam buscar uma solução amigável, em um prazo determinado e, caso isso não seja possível, deverão submeter a divergência à mediação, ou a outras formas de solução de conflitos.

Selma Maria Ferreira Lemes[209] define a cláusula escalonada como aquela em que as partes estabelecem um procedimento prévio à arbi-

---

[209] LEMES, Selma Maria Ferreira. Acordo de acionistas – sistema de solução de conflitos "tailor-made" – cláusula compromissória aberta (art. 6.º da Lei 9.307/1996), com todas

tragem, o qual pode ser uma mediação ou uma conciliação, sendo que, em tais situações, todos os institutos previstos contratualmente devem ocorrer, na ordem estabelecida.

No mesmo sentido, Eduardo Pecoraro[210] define com clareza o que são as cláusulas escalonadas, a saber:

> Enquadram-se na definição de cláusula escalonada as que obrigam as partes a negociar, de boa-fé uma solução amigável para as controvérsias que surgirem; as que preveem a submissão obrigatória da controvérsia à mediação, conduzida por terceiro escolhido partes ou pela instituição eleita para tal fim no contrato; as que elegem um engenheiro para solucionar as controvérsias que surgirem durante a execução do contrato e, sua versão mais moderna, as cláusulas que instituem os *dispute boards*.
>
> Não é incomum que uma mesma cláusula escalonada preveja todas essas etapas, antes da arbitragem.

As cláusulas escalonadas são assim uma forma de forçar as partes a chegar a uma solução antes de recorrerem ao judiciário ou a um tribunal arbitral.

Uma das grandes vantagens das cláusulas escalonadas[211] é que, mesmo na hipótese de o assunto ter que ser submetido ao judiciário ou a um tribunal arbitral, com as discussões anteriores, as questões tendem a ser mais bem endereçadas no curso do litígio. Assim, é possível que as

---

as potencialidades para instituir a arbitragem (art. 7.º) – efeito vinculante – não se trata de cláusula escalonada – mediação ou arbitragem – admissibilidade de cláusula de arbitragem e eleição de foro (execução específica) – cláusula combinada ou fracionada – instituição da arbitragem pelo juízo de primeiro grau (parecer). **Revista de Direito Civil Contemporâneo**, São Paulo, v. 7/2016, n. 0, p. 297-321, jun. 2016. DTR\2016\20329. Disponível em: <http://revistadostribunais.com.br/maf/app/widgetshomepage/resultList/document?&src=rl&srguid=i0ad82d9a00000159dffdc0bed6d8af8b&docguid=If8618c50484311e6bff0010000000000&hitguid=If8618c50484311e6bff0010000000000&spos=3&epos=3&td=23&context=8&crumb-action=append&crumb-label=Documento&isDocFG=false&isFromMultiSumm=true&startChunk=1&endChunk=1>. Acesso em: 27 jan. 2017. (Paginação da versão eletrônica difere da versão impressa.)

210 PECORARO, Eduardo. Arbitragem nos contratos de construção. In: SILVA, Leonardo Toledo da (coord.). **Direito e Infraestrutura**. São Paulo: Saraiva, 2012. p. 236.

211 Conforme: PECORARO, Eduardo. Arbitragem nos contratos de construção. In: SILVA, Leonardo Toledo da (coord.). **Direito e Infraestrutura**. São Paulo: Saraiva, 2012. p. 241.

4. OUTRAS FORMAS DE SOLUÇÃO DE CONFLITOS EM CONSÓRCIOS

partes desistam de alguns pedidos que, ao longo dos procedimentos prévios, tenham se mostrado mais fracos ou com menor chance de êxito.

O grande problema que se coloca com relação à inclusão de cláusulas escalonadas em contratos dá-se quando as partes não cumprem todas as etapas previstas contratualmente e partem diretamente para o judiciário ou para a arbitragem. Diante de tal situação, Selma Maria Ferreira Lemes[212] faz a seguinte provocação:

> A questão que se coloca é saber se a mediação ou conciliação prévia a arbitragem é uma **condição contratual** ou um **pressuposto processual**, exclusivamente direcionados aos reflexos no procedimento arbitral. Se não for acatada a mediação prévia, representaria inadimplemento contratual (condição contratual)? Seria condição obrigatória para o processo arbitral se iniciar (pressuposto processual)? É por isso que se recomenda que a cláusula escalonada tenha redação adequada. (grifos nossos)

O artigo 121 do Código Civil[213] define como condição "a cláusula que, derivando exclusivamente da vontade das partes, subordina o efeito do negócio jurídico a evento futuro e incerto". As condições contratuais poderão ser suspensivas ou resolutivas. A existência de uma condição suspensiva inibe a aquisição de determinado direito até a verificação da condição, enquanto se a condição for do tipo resolutiva, extingue-se o negócio jurídico a partir de sua implementação.

---

[212] LEMES, Selma Maria Ferreira. Acordo de acionistas – sistema de solução de conflitos "tailor-made" – cláusula compromissória aberta (art. 6.º da lei 9.307/1996), com todas as potencialidades para instituir a arbitragem (art. 7.º) – efeito vinculante – não se trata de cláusula escalonada – mediação ou arbitragem – admissibilidade de cláusula de arbitragem e eleição de foro (execução específica) – cláusula combinada ou fracionada – instituição da arbitragem pelo juízo de primeiro grau (parecer). **Revista de Direito Civil Contemporâneo**, São Paulo, v. 7/2016, n. 0, p. 297-321, jun. 2016. DTR\2016\20329. Disponível em: <http://revistadostribunais.com.br/maf/app/widgetshomepage/resultList/document?&src=rl&srguid=i0ad82d9a00000159dffdc0bed6d8af8b&docguid=If8618c50484311e6bff0010000000000&hitguid=If8618c50484311e6bff0010000000000&spos=3&epos=3&td=23&context=8&crumb-action=append&crumb-label=Documento&isDocFG=false&isFromMultiSumm=true&startChunk=1&endChunk=1>. Acesso em: 27 jan. 2017. (Paginação da versão eletrônica difere da versão impressa.)

[213] BRASIL. Lei n. 10.406, de 10 de janeiro de 2002. Institui o Código Civil. Palácio do Planalto Presidência da República, Brasília, DF, 10 de janeiro de 2002. Disponível em: <http://www.planalto.gov.br/ccivil_03/leis/2002/L10406.htm>. Acesso em: 28 nov. 2016.

PREVENÇÃO E SOLUÇÃO DE CONFLITOS EM CONSÓRCIOS EMPRESARIAIS

Ora, a cláusula escalonada não subordina os efeitos do negócio jurídico a nenhum evento futuro e incerto, ela apenas estabelece uma ordem de eventos sequenciais a serem observados na hipótese de um litígio. Nesse sentido, pode-se dizer que o adequado cumprimento da cláusula escalonada se constitui como um verdadeiro pressuposto processual, sem o qual a arbitragem ou o processo judicial não pode seguir.

Nessa linha, Eduardo Pecoraro[214] explica que a jurisprudência da Câmara de Comércio Internacional – CCI impede a instauração da arbitragem sem antes terem sido exauridas todas as fases preparatórias previstas em cláusula escalonada.

Assim, para evitar que a cláusula escalonada possa se tornar um entrave à instauração da arbitragem, deve-se ter muito cuidado com relação à sua redação, sendo essencial deixar muito claro se o cumprimento de todas as etapas prévias é pressuposto processual para a instituição do procedimento arbitral ou não.

Além disso, para evitar que a discussão se alongue indefinidamente, convém estabelecer os prazos de cada etapa, bem como quais formalidades deverão ser seguidas para a notificação das partes envolvidas. Os termos de início e fim de cada etapa devem ser claros e precisos, devendo constar ainda a possibilidade de rompimento imotivado das negociações por qualquer das partes, a qual terá o direito de seguir diretamente para a arbitragem.

No caso de intervenção de terceiros para a solução do conflito, tal como a instituição de um *dispute board*, mediação ou conciliação, deve constar do contrato de constituição do Consórcio a forma de nomeação das pessoas que comporão esses órgãos e quem poderá indicá-las. Convém estabelecer qualificações mínimas para tais assessores, bem como quem será responsável pelo pagamento dos seus honorários.

Assim, as cláusulas escalonadas podem ser de grande valia para contratos complexos como os contratos de Consórcio, porém, para que sejam efetivas, é importante atentar-se para a sua redação, de forma que esta não impeça a efetiva instituição da arbitragem ou a busca pelo judiciário, sendo utilizada de forma oportunista pela parte inadimplente.

---

[214] PECORARO, Eduardo. Arbitragem nos contratos de construção. In: SILVA, Leonardo Toledo da (coord.). **Direito e Infraestrutura**. São Paulo: Saraiva, 2012. p. 238.

4. OUTRAS FORMAS DE SOLUÇÃO DE CONFLITOS EM CONSÓRCIOS

Feitas essas considerações iniciais, passa-se agora a analisar individualmente alguns dos institutos que podem ser encontrados nas cláusulas escalonadas.

4.2 Dispute Boards

Uma forma eficaz de se prevenir e solucionar conflitos que pode eventualmente vir a ser utilizada em Consórcios são os chamados *dispute boards*.

Os *dispute boards*, também conhecidos por painéis ou comitês, são bastante utilizados na construção civil e se caracterizam como um mecanismo privado de solução de conflitos, que não possui força coercitiva e que não se confunde com a arbitragem. Para Arnoldo Wald[215]:

> A função do dispute *resolution board* é definida pelo contrato e eventuais outras regras e/ou documentos a que ele faça referência, podendo ser submetidas ao painel não somente as questões técnicas, mas quaisquer questões relacionadas ao contrato, ou dele oriunda, quer sejam técnicas, jurídicas ou econômicas.

Segundo Ivo Waisberg[216], os *dispute boards* são espécies do gênero *adjudication*, um "mecanismo regido pelo contrato celebrado entre as partes", as quais concordam em submeter determinados pontos controvertidos em sua relação à apreciação de um terceiro.

Não há, assim, previsão legal para a instituição de *dispute boards*, sendo necessária a sua previsão contratual para que tal mecanismo possa ser utilizado como meio de prevenção e solução de conflitos entre as partes.

Nesse sentido, justamente por não possuir qualquer previsão legal, alguns advogados e empresários hesitam em utilizar os *dispute boards*, temendo que suas decisões venham a ser reformadas posteriormente em juízo ou via tribunal arbitral – o que, de fato, é possível. Todavia, é importante ressaltar que tais comitês são apenas mais uma ferramenta disponível para tentar prevenir um conflito judicial ou arbitral, evitando-se

---

[215] WALD, Arnoldo. Dispute resolution boards: evolução recente. **Revista de Arbitragem e Mediação**. vol. 30. p. 139-151. Jul.-Set./2011.

[216] WAISBERG, Ivo. Dispute board em matéria societária. Quando seria viável? In: YARSHELL, Flávio Luiz; PEREIRA, Guilherme Setoguti J. (coords.). **Processo societário**. São Paulo: Quartier Latin, 2015. p. 365, v. II.

assim maiores desgastes entre as partes, bem como todos os dissabores de um litígio.

O grande diferencial dos *dispute boards* é que eles são formados, em geral, antes da existência de quaisquer conflitos entre as partes e a sua função é justamente acompanhar, de forma permanente, o desenvolvimento do contrato e ajudar as partes a solucionar quaisquer questões surgidas ao longo da relação contratual.

Dessa forma, cabe exclusivamente às partes regular a composição e forma de atuação dos *dispute boards* por meio de cláusulas contratuais. Em geral, eles são compostos por técnicos que possuem notório conhecimento no objeto contratual – se for um contrato de construção, por exemplo, ter-se-ia um engenheiro, no caso de um contrato bancário, alguém da área financeira.

Arnoldo Wald[217] salienta que os *dispute boards* podem ser formados por uma, três, cinco ou mais pessoas (mantendo-se sempre um número ímpar), sendo importante que os seus componentes tenham formações em diferentes áreas, a depender de cada negócio. Apesar das vantagens de se ter um comitê com mais de um membro – diversidade de opiniões, possibilidade de discussão imparcial dos problemas, dentre outras –, o grande problema ao se criar um *dispute board* com muitos membros é o custo envolvido, razão pela qual é bastante comum a existência de painéis contendo apenas um profissional.

Por serem institutos meramente contratuais, cabe exclusivamente às partes regular quais os poderes de tais comitês nas relações contratuais. Existem *dispute boards* que são somente consultivos, emitindo apenas opiniões técnicas, enquanto, em outros casos, podem existir comitês vinculantes, que, de fato, decidem questões envolvendo o contrato.

Carlos Eduardo Vasconcelos[218] cita três modalidades de *dispute boards*, a saber:

> 1 – Comitês de revisão, cuja finalidade é recomendações que não são necessariamente atendidas; 2 – Comitês de Sentença, em que os especialistas proferem decisões que as partes estão obrigadas a cumprir; e 3 – Comitês

---

[217] WALD, Arnoldo. Dispute resolution boards: evolução recente. **Revista de Arbitragem e Mediação**. vol. 30. p. 139-151. Jul.-Set./2011.

[218] VASCONCELOS, Carlos Eduardo de. **Mediação de conflitos e práticas restaurativas.** 5. ed. rev., atual. e ampl. Rio de Janeiro: Forense; São Paulo: Método, 2017. p. 21.

de Disputa Mista, em que esses especialistas oferecem recomendações, e caso uma das partes contratantes solicite, irão proferir decisões específicas, que ambas as partes estão obrigadas a cumprir.

Como dito acima, evidentemente, as questões decididas pelos *dispute boards* poderão ser submetidas à avaliação judicial ou arbitral, porém, é interessante notar que, quando existe a previsão de tal mecanismo nos contratos, muitas vezes, é mais barato para as partes acatarem as recomendações ou decisões dos painéis do que submeter determinadas questões ao judiciário ou à arbitragem.

Ivo Waisberg[219] aponta, como principais características dos contratos que preveem *disput boards*, as seguintes: (i) são contratos de longa duração; (ii) envolvem prestações complexas e técnicas; e (iii) os valores envolvidos são, em geral, bastante altos (superam os custos de se manter o *dispute board* ativo durante todo o período contratual).

Como vantagens dessa forma de prevenção ou solução de conflitos, o referido autor[220] cita as seguintes: (i) celeridade; (ii) custo menor do que outras formas de solução de conflitos; (iii) menor tensão entre as partes; (iv) especialização dos técnicos que compõem os painéis; e (v) aproximação dos painelistas das partes, de forma a entenderem os reais motivos dos problemas.

Para as questões societárias em geral, pode ser que não seja interessante a instituição de um *dispute board*, pois, além de a relação entre as partes ser, na maior parte das vezes, por prazo indeterminado, muitas das divergências que surgem entre os sócios não se relacionam a questões técnicas, tratando-se de opiniões divergentes sobre a melhor forma de se conduzir os negócios. Por essa razão, deve-se avaliar com cautela se, de fato, esse pode ser um meio adequado para a solução de conflitos em quaisquer situações.

---

[219] WAISBERG, Ivo. Dispute board em matéria societária. Quando seria viável? In: YARSHELL, Flávio Luiz; PEREIRA, Guilherme Setoguti J (coords.). **Processo societário**. São Paulo: Quartier Latin, 2015. p. 363, v. II.

[220] WAISBERG, Ivo. Dispute board em matéria societária. Quando seria viável? In: YARSHELL, Flávio Luiz; PEREIRA, Guilherme Setoguti J. (coords.). **Processo societário.** São Paulo: Quartier Latin, 2015. p. 365 e ss., v. II.

Entretanto, segundo Arnoldo Wald[221]:

> [...] em todos os casos de *joint ventures* ou de parcerias, tanto na área privada como no setor público, é preciso que os pequenos problemas sejam resolvidos desde logo, para evitar que venham, pela soma dos mesmos, inviabilizar o prosseguimento do contrato.

Nesse sentido, é possível que os *dispute boards* sejam úteis em Consórcios, tendo em vista que, nestes, o objeto é claro, o prazo é determinado e, na maioria das vezes, as prestações das partes envolvem certa complexidade. Ivo Waisberg[222] ilustra bem essa situação com o exemplo de um Consórcio ou uma sociedade de propósito específico que requeira aportes diferidos no tempo, os quais sejam condicionados à verificação de determinados eventos externos ou de responsabilidade da outra parte, ou, ainda, quando a integralização dos valores na parceria ocorrer por meio da transferência de uma certa tecnologia.

Para que seja possível a inclusão dessa forma de solução de conflitos em Consórcios, é importante que a redação da cláusula seja clara e que as partes tenham total compreensão de sua aplicação e abrangência, pois, no caso, elas terão uma pessoa, ou um comitê, acompanhando toda a relação de parceria e as apoiando nos potenciais problemas.

Com relação à importância de se redigir bem a cláusula relativa ao *dispute board*, Ivo Waisberg assinala que:

> [...] é muito importante que as partes definam de modo detalhado o escopo do *dispute board* no contrato em que preverem sua criação. Isso gera confiança entre as partes e também em relação ao *board*, que não poderá se pro-

---

[221] WALD, Arnoldo. A arbitragem contratual e os dispute boards. **Revista de Arbitragem e Mediação,** São Paulo, v. 6/2005, n. 0, p. 9-24, jul. 2005. Disponível em: <http://revistadostribunais.com.br/maf/app/widgetshomepage/resultList/document?&src=rl&srguid=i0ad6 adc500000158a86f894e5ef1571a&docguid=Iab636730f25311dfab6f010000000000&hitgui d=Iab636730f25311dfab6f010000000000&spos=7&epos=7&td=16&context=173&crumb--action=append&crumb-label=Documento&isDocFG=false&isFromMultiSumm;=&startC hunk=1&endChunk=1>. Acesso em: 20 out. 2016. (Paginação da versão eletrônica difere da versão impressa.)

[222] WAISBERG, Ivo. Dispute board em matéria societária. Quando seria viável? In: YARSHELL, Flávio Luiz; PEREIRA, Guilherme Setoguti J. (coords.). **Processo societário**. São Paulo: Quartier Latin, 2015. p. 369.

4. OUTRAS FORMAS DE SOLUÇÃO DE CONFLITOS EM CONSÓRCIOS

nunciar sobre toda e qualquer matéria ou situação, mas apenas sobre aquelas que foram enumeradas no contrato[223].

Portanto, é plenamente possível a previsão da constituição de um *dispute board* para dirimir e solucionar dúvidas e litígios em Consórcio, devendo as partes, todavia, atentarem para a redação da cláusula e respeitarem efetivamente o seu funcionamento.

4.3 Conciliação e Mediação

Conciliação e mediação são formas conhecidas de solução de conflitos, nas quais verifica-se, assim como nos *dispute boards*, a intervenção de um terceiro para auxiliar as partes a chegarem a uma decisão com relação ao seu conflito. Diferentemente do que ocorre com os *dispute boards*, os institutos da conciliação e da mediação estão previstos na legislação em vigor. Nesse sentido, o Código de Processo Civil[224] prevê que a conciliação e a mediação devem ser estimuladas pelas autoridades (art. 3º, par. 3º).

Apesar de ambos constituírem meios legais de solução de conflitos com a intervenção de terceiros, conciliação e mediação não se confundem. O artigo 165 do referido diploma[225] detalha a questão estabelecendo:

Art. 165. Os tribunais criarão centros judiciários de solução consensual de conflitos, responsáveis pela realização de sessões e **audiências de conciliação e mediação** e pelo desenvolvimento de programas destinados a auxiliar, orientar e estimular a autocomposição.

§ 1º A composição e a organização dos centros serão definidas pelo respectivo tribunal, observadas as normas do Conselho Nacional de Justiça.

§ 2º O **conciliador**, que atuará preferencialmente nos casos em que não houver vínculo anterior entre as partes, poderá sugerir soluções para o

---

[223] WAISBERG, Ivo. Dispute board em matéria societária. Quando seria viável? In: YARSHELL, Flávio Luiz; PEREIRA, Guilherme Setoguti J. (coords.). **Processo societário.** São Paulo: Quartier Latin, 2015. p. 371.

[224] BRASIL. Lei n. 13.105, de 16 de março de 2015. Código de Processo Civil. Palácio do Planalto Presidência da República, Brasília, DF, 16 de março de 2015. Disponível em: <https://www.planalto.gov.br/ccivil_03/_ato2015-2018/2015/lei/l13105.htm>. Acesso em: 28 nov. 2016.

[225] BRASIL. Lei n. 13.105, de 16 de março de 2015. Código de Processo Civil. Palácio do Planalto Presidência da República, Brasília, DF, 16 de março de 2015. Disponível em: <https://www.planalto.gov.br/ccivil_03/_ato2015-2018/2015/lei/l13105.htm>. Acesso em 28 nov. 2016.

litígio, sendo vedada a utilização de qualquer tipo de constrangimento ou intimidação para que as partes conciliem.

§ 3º O **mediador**, que atuará preferencialmente nos casos em que houver vínculo anterior entre as partes, auxiliará aos interessados a compreender as questões e os interesses em conflito, de modo que eles possam, pelo restabelecimento da comunicação, identificar, por si próprios, soluções consensuais que gerem benefícios mútuos. (*grifos nossos*)

Assim, na conciliação, as partes contarão com o apoio do conciliador para encontrarem soluções adequadas às suas divergências, sendo possível, inclusive, que o facilitador indicado aponte soluções para o conflito, como forma de encerrar o assunto e conduzir as partes a um acordo. Entretanto, é importante ressaltar que o conciliador não possui o poder de impor às partes uma decisão final, cabendo a ele apenas fazer sugestões. Nas palavras de Francisco Cahali[226]:

O conciliador intervém com o propósito de mostrar às partes as vantagens de uma composição, esclarecendo sobre os riscos de a demanda ser judicializada. Deve, porém, criar ambiente propício para serem superadas as animosidades. Como terceiro imparcial, sua tarefa é incentivar as partes a propor soluções que lhes sejam favoráveis. Mas o conciliador deve ir além para se chegar ao acordo: deve fazer propostas equilibradas e viáveis, exercendo, no limite do razoável, influência no convencimento dos interessados.

Via de regra, a conciliação não busca detalhes a respeito do conflito, tendo como objetivo principal amenizar as questões emocionais envolvidas e possibilitar às partes uma solução racional de suas divergências. Por esta razão, a conciliação costuma ser indicada para a solução de questões simples, o que é bastante raro no caso dos Consórcios.

Por outro lado, a mediação é mais aconselhável para situações complexas, envolvendo contratos de longa duração, tais como os contratos de Consórcio. Isso, pois, por meio da mediação, busca-se a efetiva solução

---

[226] CAHALI, Francisco José. **Curso de arbitragem:** mediação: conciliação: resolução CNJ 125/2010. 4. ed. São Paulo: Editora Revista dos Tribunais, 2015. Disponível em: <https://proview.thomsonreuters.com/title.html?redirect=true&titleKey=rt/monografias/77225019/v5.3&titleStage=F&titleAcct=ia744a5af00000157f35344a8b8737942#sl=e&eid=552a9bc727e75f6fd001a16e2f25deee&eat=a-108552349&pg=6&psl=&nvgS=false>. Acesso em: 09 nov. 2016.

4. OUTRAS FORMAS DE SOLUÇÃO DE CONFLITOS EM CONSÓRCIOS

do conflito e a restauração do bom relacionamento entre as partes. Carlos Eduardo de Vasconcelos[227] ensina que:

> Mediação é o método dialogal de solução ou transformação de conflitos interpessoais em que os mediandos escolhem ou aceitam terceiro(s) mediador(es), com aptidão para conduzir o processo e facilitar o diálogo, a começar pelas apresentações, explicações e compromissos iniciais, sequenciando com narrativas e escutas alternadas dos mediandos, recontextualizações e resumos do(s) mediador(es), com vistas a se construir a compreensão das vivências afetivas e materiais da disputa, migrar das posições antagônicas para a identificação dos interesses e necessidades comuns e para o entendimento sobre as alternativas mais consistentes, de modo que, havendo consenso, seja concretizado o acordo.

Sendo assim, a função do mediador é permitir às partes compreenderem efetivamente o impacto de suas condutas no desenvolvimento do contrato e, finalmente, solucionarem suas diferenças em um ambiente adequado. Diferentemente do que ocorre com conciliação, na mediação, o mediador não apresenta sugestões, limitando-se a facilitar a comunicação entre as partes. Para Thomas Walde[228]:

> *Commercial mediation in its pure form is 'deal-making' involving an independent third party in an influential role. It does not care about right and wrong and the legal value of pre-established legal and contractual rights. Its exclusive focus is the identification of interests and bargaining power to come to a deal that settles the dispute and leaves the parties better off than they were before and better off than if*

---

[227] VASCONCELOS, Carlos Eduardo de. **Mediação de conflitos e práticas restaurativas.** 5. ed. rev., atual. e ampl. Rio de Janeiro: Forense; São Paulo: Método, 2017. p. 60.

[228] Wälde, Thomas W. Efficient Management of Transnational Disputes: Mutual Gain by Mediation or Joint Loss in Litigation. **LCIA Arbitration and ADR Worldwide**, London, v. 22, n. 2, p. 205-232, 1º jun. 2006. Disponível em: <http://arbitration.oxfordjournals.org/content/22/2/205.article-info>. Acesso em: 10 nov. 2016. Tradução nossa: "A mediação comercial, na sua forma pura, é a 'negociação', envolvendo um terceiro independente, que irá desempenhar o papel de influenciador. A mediação comercial não se importa com o que é certo e errado, ou com o valor jurídico dos direitos legais e contratuais pré-estabelecidos. Seu foco exclusivo é a identificação de interesses e o poder de barganha para chegar a um acordo que resolverá a disputa e deixará as partes melhor do que antes e melhor do que se o litígio fosse judicializado (com custos e incertezas). A mediação comercial não busca o processo de litígio e seus procedimentos, modelos, cultura e estilo para a inspiração, mas sim a negociação."

the dispute were litigated (with attendant costs and uncertainties). Commercial mediation does not look towards the litigation process and its procedures, role models, culture and style for inspiration, but rather towards deal-making.

Recentemente, a mediação foi objeto de regulação, com o advento da Lei n. 13.140/2015[229], a qual tem como objetivo regular o instituto e assegurar a legalidade de sua utilização, inclusive, pelos órgãos do poder público. Segundo o disposto no artigo 1º desta lei, a mediação é definida como sendo "a atividade técnica exercida por terceiro imparcial sem poder decisório, que, escolhido ou aceito pelas partes, as auxilia e estimula a identificar ou desenvolver soluções consensuais para a controvérsia".

A referida lei ainda estabelece, em seu artigo 3º, que podem ser objeto de mediação os conflitos envolvendo direitos disponíveis ou direitos indisponíveis que admitam transação. Em geral, as disputas empresariais envolvendo Consórcio tratarão sobre direitos disponíveis, de maneira que a mediação pode ser utilizada como forma de composição entre as partes.

Há diversas técnicas distintas de mediação, de maneira que é importante, ao redigir a cláusula contratual, atentar para quais princípios e regras deverão ser observados pelo(s) mediador(es). Não obstante eventuais particularidades de cada mediação, pode-se dizer que há 3 (três) características que sempre estarão presentes, conforme ensina Beardsley Kyle[230], a saber: (i) o consenso a respeito da utilização de um mediador; (ii) a crença do mediador em técnicas não violentas para a solução de conflitos; e (iii) a ausência de autoridade do mediador para decidir o conflito.

---

[229] BRASIL. Lei n. 13.140, de 26 de junho de 2015. Dispõe sobre a mediação entre particulares como meio de solução de controvérsias e sobre a autocomposição de conflitos no âmbito da administração pública; altera a Lei n. 9.469, de 10 de julho de 1997, e o Decreto n. 70.235, de 6 de março de 1972; e revoga o § 2º do art. 6º da Lei nº 9.469, de 10 de julho de 1997. Palácio do Planalto Presidência da República, Brasília, DF, 26 de junho de 2015. Disponível em: <http://www.planalto.gov.br/ccivil_03/_Ato2015-2018/2015/Lei/L13140.htm>. Acesso em: 28 nov. 2016.

[230] KYLE, Beardsley. **Cornell studies in security affairs: The mediation dilemma**. Ithaca, US: Cornell University Press, 2001. ProQuest ebrary. Disponível em: <http://getitatduke. library.duke.edu/?sid=sersol&SS_jc=TC0000564870&title=The%20mediation%20dile mma>. Acesso em: 10 nov. 2016. (tradução nossa).

4. OUTRAS FORMAS DE SOLUÇÃO DE CONFLITOS EM CONSÓRCIOS

Sendo assim, a mediação e a conciliação, ao lado dos *dispute boards* e outros mecanismos de solução de conflitos que não envolvam o judiciário ou a arbitragem, são importantes na medida em que tendem a ser muito mais rápidos, eficientes e baratos do que estes últimos.

Um estudo feito por Thomas Walde[231] estima que, por ano, há uma média de 3.000 a 5.000 novos casos arbitrais, que implicam custos na ordem de US$ 4 a 8 bilhões por ano para as partes. Isso sem considerar os custos de processos judiciais para executar as sentenças arbitrais, razão pela qual a maior parte das disputas envolvendo contratos de longa duração, tais como os Consórcios, são solucionadas por meio de negociações entre as partes.

Em 2015, a International Chamber of Commerce – ICC[232] informou ter recebido 801 pedidos de instauração de arbitragem. Tais casos envolveram 2.283 partes de 133 países e territórios independentes, sendo que, em 13,1% das situações, uma das partes era o próprio estado ou uma entidade paraestatal.

Além disso, tanto nos tribunais arbitrais como no judiciário, o sucesso de uma demanda é sempre incerto, pois nunca se sabe como as provas e os fatos serão interpretados pelos árbitros ou pelo juiz, de maneira que as chances de um resultado que não seja bom para qualquer das partes é grande, o que leva muitas empresas a buscar soluções alternativas por meio dos institutos da conciliação ou mediação.

Apesar de parecerem simples, as técnicas de conciliação e mediação são complexas e requerem profissionais capacitados para desempenhar tais tarefas, sendo que todo o procedimento a ser seguido, tanto em um caso como no outro, deve ser bem detalhado no contrato de constituição do Consórcio.

Independentemente da opção escolhida – conciliação ou mediação –, é importante detalhar, no contrato de Consórcio, as seguintes questões: (i) como formalizar o início da mediação ou da conciliação; (ii) prazo

---

[231] Wälde, Thomas W. Efficient Management of Transnational Disputes: Mutual Gain by Mediation or Joint Loss in Litigation. **LCIA Arbitration and ADR Worldwide**, London, v. 22, n. 2, p. 205-232, 1º jun. 2006. Disponível em: <http://arbitration.oxfordjournals.org/content/22/2/205.article-info>. Acesso em: 10 nov. 2016.

[232] ICC INTERNATIONAL COURT OF ARBITRATION. **Statistics**. Disponível em: <http://www.iccwbo.org/Products-and-Services/Arbitration-and-ADR/Arbitration/Introduction--to-ICC-Arbitration/Statistics/>. Acesso em: 25 fev. 2017.

para as negociações; (iii) possibilidade de rompimento injustificado das negociações; (iv) termo final da mediação ou da conciliação; (v) como será feita a indicação dos conciliadores ou mediadores; (vi) quem pode ser mediador ou conciliador; (vii) honorários do conciliador ou do mediador; (viii) quem será responsável pelos custos e honorários relativos à mediação ou conciliação, dentre outros.

Dessa forma, evitam-se controvérsias relativas à instalação, duração e encerramento de tais procedimentos.

4.4 Arbitragem

Apesar da existência de diversas técnicas de solução de conflitos, tais como as mencionadas acima, muitas vezes as partes não conseguem chegar a um acordo, sendo necessário recorrerem ao judiciário ou a um tribunal arbitral para resolver definitivamente a questão litigiosa.

No Brasil, o Poder Judiciário encontra-se excessivamente sobrecarregado. Segundo dados do Conselho Nacional de Justiça divulgados no ano de 2016[233], "o Poder Judiciário finalizou o ano de 2015 com quase 74 milhões de processos em tramitação", de maneira que, ainda que este "fosse paralisado sem ingresso de novas demandas, com a atual produtividade de magistrados e servidores, seriam necessários aproximadamente 3 anos de trabalho para zerar o estoque".

Segundo Luciano Benetti Timm[234], "a lentidão na resolução dos conflitos levados a juízo aumenta os custos de transação e cria, por si só, incentivos à quebra contratual". Ou seja, na prática, a morosidade do Poder Judiciário atua como um verdadeiro empecilho ao desenvolvimento econômico do país, visto gerar enorme insegurança jurídica nas relações contratuais.

Isso significa que, para demandas envolvendo contratos empresariais, em especial aqueles colaborativos, como os Consórcios, as perdas decorrentes da morosidade do Poder Judiciário são imensas.

---

[233] BRASIL. Poder Judiciário. **Justiça em Números**. Disponível em: <http://www.cnj.jus.br/files/conteudo/arquivo/2016/10/b8f46be3dbbff344931a933579915488.pdf>. Acesso em 11.11.2016, às 15:41 h.

[234] TIMM, Luciano Benetti. Ainda sobre a função social do direito contratual no Código Civil brasileiro: justiça distributiva *versus* eficiência econômica. In: TIMM, Luciano Benetti et al. **Direito e economia**. 2. ed. rev. e atual. Porto Alegre: Livraria do Advogado Editora, 2008. p. 66.

4. OUTRAS FORMAS DE SOLUÇÃO DE CONFLITOS EM CONSÓRCIOS

Numa clara tentativa de tentar solucionar esse problema, o Código de Processo Civil[235], em seu artigo 3º, promove os chamados meios alternativos de solução de conflitos, como a arbitragem, a conciliação, a mediação e outros. Trata-se do chamado "sistema multiportas", segundo o qual cada conflito possui um meio adequado para ser solucionado, dentre uma gama de opções disponíveis no modelo legislativo existente. Nesse sentido, Humberto Theodoro Júnior e outros[236] explicam que:

> Assim, apesar das duras críticas que se podem fazer à tendência de absorção dessas técnicas no bojo do processo jurisdicional, o Novo CPC, buscando reduzir os déficits de sua eficiência, diante até da ausência de profissionalismo no uso das técnicas, tenta promover um peculiar modelo multiportas no qual o processo judicial encampa a solução adjudicada (jurisdicional), além da possibilidade endoprocessual de uma conciliação e/ou mediação profissionalizada (art. 167).

No Brasil, a arbitragem foi instituída pela Lei n. 9.307/1996, tendo sido declarada constitucional pelo Supremo Tribunal Federal em 2001. Na sequência, em 2002, o Brasil ratificou os termos da Convenção de Nova Iorque, e, mais recentemente, em 26 de maio de 2015, a Lei da Arbitragem foi alterada, com o advento da Lei n. 13.129, que alterou e atualizou alguns de seus artigos, como forma de trazer maior efetividade ao instituto.

Segundo Carlos Eduardo de Vasconcelos[237]:

> Trata-se [a arbitragem] de instituto com duas naturezas jurídicas distintas que se completam: a contratual e a jurisdicional. Pelo contrato as pessoas optam por se vincular a uma jurisdição privada, sujeita, no entanto, a princípios de ordem pública, como os da independência, da imparcialidade, do "livre" convencimento do árbitro, do contraditório e da igualdade.

---

[235] BRASIL. Lei n. 13.105, de 16 de março de 2015. Código de Processo Civil. Palácio do Planalto Presidência da República, Brasília, DF, 16 de março de 2015. Disponível em: <https://www.planalto.gov.br/ccivil_03/_ato2015-2018/2015/lei/l13105.htm>. Acesso em: 28 nov. 2016.

[236] THEODORO JÚNIOR, Humberto et al. **Novo CPC**: Fundamentos e sistematização. 2. ed. Rio de Janeiro: Forense, 2015. p. 256.

[237] VASCONCELOS, Carlos Eduardo de. **Mediação de conflitos e práticas restaurativas**. 5. ed. rev., atual. e ampl. Rio de Janeiro: Forense; São Paulo: Método, 2017. p. 65.

Assim como a prestação jurisdicional, a arbitragem apresenta-se como uma forma de heterocomposição entre as partes em litígio, apresentando, porém, algumas vantagens sobre aquela, a saber: (i) possibilidade de indicar ou participar da escolha dos árbitros; (ii) o tempo para a solução definitiva dos conflitos é muito menor do que no judiciário; (iii) flexibilidade com relação ao procedimento a ser adotado; e (iv) confidencialidade[238].

É importante mencionar que, apesar de suas inúmeras vantagens, a arbitragem possui alguns inconvenientes, sendo importante destacar como maior obstáculo à sua utilização os altíssimos custos envolvidos. Para se ter uma ideia, em uma arbitragem perante a Câmara de Comércio Brasil Canadá, envolvendo um montante total de R$ 102.000.000,00 (cento e dois milhões de reais), as partes deverão desembolsar, apenas a título de taxa de administração e honorários de árbitros, o valor de R$ 1.018.200,00 (um milhão, dezoito mil e duzentos reais)[239].

Para alguns, até mesmo o caráter confidencial das arbitragens é considerado uma desvantagem, na medida em que, assim, não se forma uma jurisprudência com relação ao que foi julgado pelos tribunais arbitrais.

Entretanto, deve-se destacar que, ao se solucionar o conflito com mais rapidez, os gastos para a instauração e desenvolvimento do procedimento arbitral podem acabar compensando os custos de se manter um litígio durante os longos anos que seriam necessários para se obter a prestação jurisdicional perante a justiça comum.

Nem todos os conflitos poderão ser submetidos à arbitragem, sofrendo restrição todos aqueles litígios que envolverem direitos indisponíveis.

Dessa forma, para que as partes possam submeter eventuais conflitos relacionados a direitos patrimoniais disponíveis surgidos no âmbito dos Consórcios ao juízo arbitral, deverão elas celebrar uma convenção de arbitragem (art. 3º da Lei n. 9.307/96[240]).

---

[238] Apesar de a confidencialidade ser comum na maior parte dos casos, a Lei n. 13.129/2015, que alterou a Lei n. 9.307/1996, estabelece que as arbitragens envolvendo entes públicos obedecerão, sempre, ao princípio da publicidade (art. 2º, par. 3º).

[239] Conforme: ("CAM-CCBC"), Centro de Arbitragem e Mediação da Câmara de Comércio Brasil-Canadá. TABELA DE DESPESAS 2017. Disponível em: <http://www.ccbc.org.br/Noticias/5069/tabela-de-despesas-2017>. Acesso em: 1º jan. 2017.

[240] BRASIL. Lei n. 9.307, de 23 de setembro de 1996. Dispõe sobre a arbitragem. Palácio do Planalto Presidência da República, Brasília, DF, 23 de setembro de 1996. Disponível em: <http://www.planalto.gov.br/ccivil_03/leis/L9307.htm>. Acesso em: 28 nov. 2016.

4. OUTRAS FORMAS DE SOLUÇÃO DE CONFLITOS EM CONSÓRCIOS

A convenção de arbitragem pode se dar de duas formas, a saber: (i) cláusula compromissória; ou (ii) compromisso arbitral.

A cláusula compromissória "é a convenção através da qual as partes em um contrato comprometem-se a submeter à arbitragem os litígios que possam vir a surgir, relativamente a tal contrato" (art. 4º da Lei n. 9.307/1996[241]). Deve ser escrita, podendo constar do próprio contrato ou de adendo ou termo aditivo ao instrumento contratual.

As cláusulas compromissórias podem fazer referência às regras de determinada entidade especializada ou órgão arbitral, tais como a Câmara de Comércio Internacional-CCI, Câmara de Comércio Brasil-Canadá-CCBC, Fundação Getúlio Vargas-FGV, dentre outras.

Quando se faz referência à utilização de algum órgão especializado, é comum que a própria instituição proponha uma sugestão de redação para a cláusula compromissória, como forma de evitar quaisquer discussões com relação à sua validade ou eficácia.

É também possível que as partes prefiram não se utilizar de nenhuma entidade especializada ou órgão arbitral institucional, estabelecendo uma arbitragem *ad hoc*. Em tais situações, caberá às partes detalhar, de forma clara e precisa, todo o procedimento a ser seguido, especificando, ainda, o seguinte: (i) requisitos do requerimento de instituição de arbitragem; (ii) a quem deve ser dirigido o requerimento de instituição de arbitragem; (iii) quantos árbitros comporão o painel; (iv) quem poderá atuar como árbitro; (v) quem poderá indicar os árbitros; (vi) prazos.

De toda forma, sempre que as partes estipularem as regras relativas à instituição da arbitragem, ter-se-á uma cláusula arbitral cheia. Segundo Francisco Cahali[242]: "de uma forma objetiva: será considerada cheia a cláusula que contempla o quanto necessário para se dar início à arbitragem (art. 19 da Lei 9.307/1996)".

---

[241] BRASIL. Lei n. 9.307, de 23 de setembro de 1996. Dispõe sobre a arbitragem. Palácio do Planalto Presidência da República, Brasília, DF, 23 de setembro de 1996. Disponível em: <http://www.planalto.gov.br/ccivil_03/leis/L9307.htm>. Acesso em: 28 nov. 2016.

[242] CAHALI, Francisco José. **Curso de arbitragem**: mediação: conciliação: resolução CNJ 125/2010. 4. ed. São Paulo: Editora Revista dos Tribunais, 2015. Disponível em: <https://proview.thomsonreuters.com/title.html?redirect=true&titleKey=rt/monografias/77225019/v5.3&titleStage=F&titleAcct=ia744a5af00000157f35344a8b8737942#sl=e&eid=552a9bc727e75f6fd001a16e2f25deee&eat=a-108552349&pg=6&psl=&nvgS=false>. Acesso em: 9 nov. 2016.

Por outro lado, quando não houver acordo prévio sobre a forma de instituir a arbitragem, estar-se-á diante de uma cláusula arbitral vazia. Em tal situação, aquele que desejar iniciar uma arbitragem, deverá informar a parte contrária, convocando-a para firmarem um compromisso arbitral. A notificação de convocação deverá conter dia, hora e local certos, devendo ser enviada por via postal ou por qualquer outra forma, desde que mediante comprovação de recebimento.

Assim, caso a parte contrária, após devidamente convocada, não compareça ou, ainda que compareça, recuse-se a firmar o compromisso arbitral, caberá à parte interessada ingressar com uma ação judicial para que o compromisso seja lavrado em juízo. Igualmente, na hipótese de existência de cláusula compromissória, verificada a recusa da parte contrária com relação à instituição da arbitragem, caberá a propositura de ação judicial, para que o compromisso seja firmado perante o juiz.

Nesse sentido, o compromisso arbitral – que pode ser judicial ou extrajudicial – é a convenção por meio da qual as partes submetem um litígio à arbitragem (art. 9º da Lei n. 9.307/1996[243]).

Com base no acima exposto, recomenda-se, sempre, a utilização de cláusula arbitral cheia, pois, do contrário, a parte que desejar se furtar a solucionar qualquer litígio, terá instrumentos para retardar a demanda, recusando-se a firmar o compromisso arbitral e obrigando a outra parte a ingressar em juízo, o que, como adiantado acima, consumirá tempo e atrasará a instituição do procedimento arbitral.

Além dos requisitos necessários à instauração da arbitragem, convém incluir, na cláusula arbitral, os seguintes itens:

(i) matérias que poderão ser submetidas à arbitragem: o ideal é que não se faça distinção acerca de quais matérias poderão estar sujeitas à arbitragem, pois, do contrário, cria-se margem para discussão, o que pode atrapalhar a instauração do tribunal e o início efetivo do procedimento. Apesar disso, são comuns cláusulas que estabelecem um escalonamento monetário, de maneira que, litígios avaliados até determinado montante ficariam sujeitos a jurisdição estatal, enquanto os de valor mais alto

---

[243] BRASIL. Lei n. 9.307, de 23 de setembro de 1996. Dispõe sobre a arbitragem. Palácio do Planalto Presidência da República, Brasília, DF, 23 de setembro de 1996. Disponível em: <http://www.planalto.gov.br/ccivil_03/leis/L9307.htm>. Acesso em: 28 nov. 2016.

4. OUTRAS FORMAS DE SOLUÇÃO DE CONFLITOS EM CONSÓRCIOS

seriam resolvidos por arbitragem. O grande problema com essa estrutura é a forma de quantificação do conflito, pois, muitas vezes, pode-se estar diante de uma situação em que é impossível se avaliar, previamente, o *quantum* envolvido no litígio. Para evitar tais problemas é que se sugere evitar a existência de mais de um órgão julgador em um mesmo contrato[244];

(ii) local onde será desenvolvida a arbitragem e onde será proferida a sentença: não necessariamente o local onde os atos processuais terão lugar será o local onde será proferida a sentença. Tal segregação é importante para facilitar o desenvolvimento do processo, uma vez que pode ser necessário ouvir testemunhas em localidades distintas daquela em que se pretenda obter a sentença. Além disso, é importante destacar que as sentenças arbitrais proferidas fora do território brasileiro deverão ser homologadas pelo Superior Tribunal de Justiça (art. 35 da Lei n. 9.307/1996[245]);

(iii) autorização para que o(s) árbitro(s) julgue(m) por equidade: caso este seja o interesse das partes e desde que a arbitragem não envolva a administração pública – caso em que a arbitragem será sempre de direito –, poderão os árbitros decidir por equidade, hipótese em que poderão ater-se à solução que lhes parecer mais justa, ainda que contrária à lei;

(iv) indicação da legislação aplicável: ao se redigir a cláusula arbitral é importante que as partes identifiquem qual será a lei de regência de sua relação, devendo os advogados orientarem seus clientes acerca dos riscos e oportunidades envolvidos, bem como, caso entendam necessário, deverão consultar advogados locais a fim de compreenderem exatamente quais os impactos daquele sistema no contrato;

(v) indicação acerca da responsabilidade pelo pagamento dos honorários e das custas e despesas com a arbitragem: a cláusula

---

[244] Exceto para os casos que não possam ser resolvidos por arbitragem, ou ainda para tutelas de urgência antes da constituição do tribunal arbitral, ou para a execução da sentença arbitral.

[245] BRASIL. Lei n. 9.307, de 23 de setembro de 1996. Dispõe sobre a arbitragem. Palácio do Planalto Presidência da República, Brasília, DF, 23 de setembro de 1996. Disponível em: <http://www.planalto.gov.br/ccivil_03/leis/L9307.htm>. Acesso em: 28 nov. 2016.

arbitral deve estabelecer quem será responsável pelo pagamento dos honorários, custas e despesas necessários para a instituição e desenvolvimento da arbitragem. Eventualmente, a cláusula estabelecerá que todas as partes envolvidas deverão pagar parte dos valores necessários à instituição da arbitragem. Nessas situações, para evitar que uma parte atrase o processo, recusando-se a quitar a sua quota-parte, é importante estipular que o tribunal arbitral deverá conceder às demais partes a oportunidade de desembolsar integralmente tais custos, antes do arquivamento do processo. Além disso, vale a pena prever que a parte vencedora será reembolsada posteriormente, com relação aos gastos que tiver com a arbitragem;

(vi) fixação dos honorários do(s) árbitro(s): para as arbitragens institucionais, é possível que as câmaras não aceitem os valores estipulados em contrato e solicitem o pagamento dos montantes fixados em seus regulamentos próprios, de maneira que se deve sempre buscar harmonizar a redação do contrato com a dos regulamentos, a fim de se evitarem conflitos;

(vii) indicação do foro competente para dirimir quaisquer conflitos que não possam ser solucionados por meio da arbitragem, bem como para conceder tutelas de urgência antes da instalação do tribunal e para executar a sentença arbitral: conforme adiantado acima, somente poderão ser submetidos à arbitragem os conflitos envolvendo direitos patrimoniais disponíveis, de maneira que, caso, ao longo da relação contratual, surja alguma questão envolvendo direitos indisponíveis, é importante que o próprio contrato traga cláusula indicando o foro competente para tanto. Além disso, apesar de existirem câmaras que preveem a existência de um árbitro de emergência – o que ainda não é muito comum nas instituições brasileiras –, para tutelas urgentes antes da instauração do tribunal, pode ser interessante prever no contrato que as partes submeterão tais questões ao judiciário, já especificando o foro competente. Por fim, como se sabe, os tribunais arbitrais não possuem força coercitiva para obrigar as partes a cumprirem a sentença arbitral, de maneira que, após encerrado o procedimento, caso a parte perdedora se recuse a cumprir espontaneamente a sentença, deverá o vencedor buscar

4. OUTRAS FORMAS DE SOLUÇÃO DE CONFLITOS EM CONSÓRCIOS

o judiciário – que tem força expropriatória – para lhe socorrer. Nesses casos, todavia, é importante tomar alguns cuidados com relação à redação da cláusula de foro, tal como ensina Eduardo Pecoraro[246]:

> [...] a) deixar explícito que a cláusula de eleição de foro não representa renúncia à arbitragem, destinando-se em verdade, ao julgamento das causas com ela relacionadas, as quais se recomenda sejam exemplificativamente enumeradas; b) sempre que possível, optar por foro sutado em local amistoso à arbitragem, cujo Poder Judiciário seja eficiente, independente, honesto e previsível; e c) escolher foro em que a parte contrária tenha bens que possam responder pela condenação.

Além dos itens acima, um compromisso arbitral, por ser firmado em ato separado, conterá, ainda, as seguintes informações: (i) o nome, profissão, estado civil e domicílio das partes; e (ii) o nome, profissão e domicílio do árbitro, ou dos árbitros, ou, se for o caso, a identificação da entidade à qual as partes delegaram a indicação de árbitros.

Francisco Cahali[247] aconselha que os árbitros sejam sempre fixados em número ímpar, devendo constar do contrato requisitos mínimos para a sua indicação, relativos à sua capacitação em determinados assuntos que poderão estar envolvidos no litígio. Além disso, sugere que sejam fixadas regras para a prática dos atos no curso do procedimento arbitral, bem como alguns limites com relação à atuação dos árbitros (em especial no tocante às tutelas de urgência).

Assim, para o sucesso de uma cláusula compromissória, é importante evitar erros, impropriedades ou falhas, que possam levar a contrariedades, ambiguidades ou dificuldades na sua interpretação. Deve-se conferir se foram incluídos corretamente os dados da instituição arbitral

---

[246] PECORARO, Eduardo. Arbitragem nos contratos de construção. In: SILVA, Leonardo Toledo da (coord.). **Direito e Infraestrutura**. São Paulo: Saraiva, 2012. p. 245.

[247] CAHALI, Francisco José. **Curso de arbitragem:** mediação: conciliação: resolução CNJ 125/2010. 4. ed. São Paulo: Editora Revista dos Tribunais, 2015. Disponível em: <https://proview.thomsonreuters.com/title.html?redirect=true&titleKey=rt/monografias/77225019/v5.3&titleStage=F&titleAcct=ia744a5af00000157f35344a8b8737942#sl=e&eid=552a9bc727e75f6fd001a16e2f25deee&eat=a-108552349&pg=6&psl;=&nvgS=false>. Acesso em: 9 nov. 2016.

PREVENÇÃO E SOLUÇÃO DE CONFLITOS EM CONSÓRCIOS EMPRESARIAIS

indicada, o número de árbitros que comporão o tribunal, se o dispositivo contratual está de acordo com o regulamento da câmara escolhida, bem como qual a amplitude e abrangência da cláusula.

Além disso, na hipótese de um conflito, caso a redação da cláusula contratual seja eficaz, devem as partes atentar-se para a escolha do(s) árbitro(s) que comporá(ão) o tribunal, pois uma escolha impensada pode levar ao insucesso da demanda.

Como se sabe, uma das vantagens da arbitragem é permitir às partes que escolham as pessoas que julgarão os litígios surgidos entre elas. Todavia, para que isso se traduza efetivamente em algo benéfico, cabe aos advogados que patrocinam as causas estudarem detidamente os pretensos árbitros antes de efetivamente indicá-los.

Recomenda-se que o árbitro indicado possua, entre outros atributos, os seguintes: (i) disponibilidade para analisar o caso; (ii) familiaridade com o assunto a ser discutido; (iii) não tenha tido qualquer relacionamento pessoal ou profissional com qualquer das partes envolvidas ou com seus advogados.

Nesse sentido, Eduardo Pecoraro[248] sugere que:

> O papel do advogado da parte, nesse ponto, é fundamental, pois cabe a ele elaborar uma primeira lista de árbitros justos, competentes, experientes, idôneos, imparciais e com tempo disponível para dedicar à causa.
>
> Posteriormente, deve averiguar qual deles tem o perfil mais adequado para as teses que seu cliente defenderá na arbitragem. Nessa análise, deverá examinar a produção acadêmica do possível árbitro, os artigos e os livros publicados, as palestras proferidas, bem como as experiências pretéritas que a parte ou o próprio advogado tenham tido com o potencial em arbitragens anteriores.
>
> Tudo isso serve tanto para evitar a escolha de árbitros que tenham convicções contrárias às teses que serão defendidas na arbitragem como para, na medida do possível, escolher aqueles que tenham visões de mundo que sejam úteis à parte que o nomeou.

Portanto, para que a arbitragem possa, de fato, ser útil às consorciadas, em primeiro lugar, é necessário que se atente para a redação da

---

[248] PECORARO, Eduardo. Arbitragem nos contratos de construção. In: SILVA, Leonardo Toledo da (coord.). **Direito e Infraestrutura**. São Paulo: Saraiva, 2012. p. 241.

4. OUTRAS FORMAS DE SOLUÇÃO DE CONFLITOS EM CONSÓRCIOS

cláusula ou compromisso arbitral – que deve ser clara e sem ambiguidades ou contradições. Em seguida, após surgido o conflito, é importante que os advogados que conduzirão o caso averiguem atentamente o perfil do árbitro a ser indicado, de forma a evitar a escolha de alguém que possua pouca disponibilidade para analisar a documentação ou, ainda, que tenha um entendimento contrário à tese a ser defendida no caso.

4.5 Dissolução de Consórcio – Análise de Precedente Jurisprudencial

Após vasta pesquisa jurisprudencial nos tribunais brasileiros, foi encontrado apenas um julgado relativo à dissolução de Consórcio, o qual será analisado a seguir. A baixa incidência de ações envolvendo litígios entre consorciadas pode ser explicada em razão dos altos custos envolvidos com a demora na prestação jurisdicional, bem como pela aversão a possíveis consequências indesejadas, sendo que, em geral, é muito mais rápido e barato para as partes buscarem uma composição amigável.

O precedente ora analisado trata de uma ação de dissolução de Consórcio societário, com pedido de antecipação parcial da tutela, movida por Sampling Planejamento e Assessoria de Segurança e Higiene Industrial S/C (Sampling), contra Marine & Offshore Rutledge (Marine), perante a 4ª Vara Empresarial da Comarca do Rio de Janeiro e autuada sob o n. 2003.001.070406-6. O julgamento em primeira instância ocorreu em 08 de julho de 2008, tendo sido proferida sentença pela Juíza de Direito Fernanda Galliza do Amaral. O acórdão, por sua vez, foi proferido em 21 de outubro de 2009, pelo Des. Relator Dr. Ismenio Pereira de Castro.

Em 28 de julho de 2000, Sampling e Marine constituíram um Consórcio, designado M&O Sampling (Consórcio M&OS), o qual tinha por objeto a união de esforços das consorciadas, para a participação no processo licitatório (Licitação) promovido pela Petróleo Brasileiro S.A. – Petrobras, conforme convite n. 160.8.2111.00, visando o arrendamento das instalações do seu centro de treinamento de combate a incêndios e salvatagem, no Município de Macaé – RJ, e a prestação de serviços de treinamento de combate a incêndios e salvatagens na mesma localidade.

O contrato de constituição do Consórcio M&OS estabeleceu, dentre outros, que: (i) a liderança caberia a Sampling; (ii) a administração seria exercida em conjunto pelas partes; e (iii) a representação do Consórcio M&OS perante terceiros caberia aos seus 2 (dois) diretores, sendo cada um deles indicado por uma das consorciadas.

Ocorre que, apesar de o Consórcio M&OS ter sido constituído com a finalidade de participar da Licitação, apenas a Sampling concorreu para o certame, tendo sido declarada a vencedora, de forma isolada. Os autos não deixam claro o motivo de Sampling ter participado sozinha da Licitação.

De todo modo, após adjudicado o contrato para a Sampling, esta chamou o Consórcio M&OS para desenvolver as atividades objeto do referido contrato. Porém, apenas alguns meses após o início dos trabalhos, a Sampling ingressou com a ação de dissolução do Consórcio M&OS.

O primeiro argumento apresentado pela Sampling foi referente à existência de personalidade jurídica do Consórcio M&OS, tendo em vista o registro de seus atos constitutivos perante o Registro do Comércio. Em razão disso, estaria autorizada a aplicação do instituto da dissolução societária, conforme art. 985 do Código Civil.

A dissolução do Consórcio M&OS teria por fundamento o art. 5º, XX, da Constituição Federal, segundo o qual ninguém poderá ser compelido a associar-se ou a permanecer associado, que também seria aplicável aos Consórcios, apesar de, no caso em análise, ter sido fixado um prazo de duração da parceria.

Alega-se, ainda que, o Código Civil (art. 1.034) permite a dissolução judicial de sociedades, sempre que verificada sua inexequibilidade e que, no caso, houve perda da *affectio societatis* entre as consorciadas.

A perda da *affectio societatis* é justificada pela quebra de confiança entre as partes, pois, segundo alega a Sampling, a mera presença da Marine no Consórcio coloca em risco o empreendimento. Para justificar essa afirmação, a Sampling apresenta os seguintes argumentos fáticos: (i) Marine dirigiu-se diretamente ao Instituto Nacional da Propriedade Industrial (INPI), em 7 de agosto de 2002, para tentar averbar o Contrato do Consórcio M&OS, alegando a necessidade de fazer "remessas para o exterior" – o que foi negado pelo referido órgão; (ii) Marine fraudou o dever de lealdade (não competição entre as empresas), ao fundar empresa – a M&O Rutledge Brasil Ltda. (Rutledge) – cujo objeto social é quase idêntico ao do Consórcio M&OS (consultoria em segurança industrial; treinamento em segurança industrial; assessoria na área

4. OUTRAS FORMAS DE SOLUÇÃO DE CONFLITOS EM CONSÓRCIOS

de meio ambiente; a participação em outras sociedades; a participação em Consórcios); (iii) Marine criou uma nova empresa que tem como prefixo M&O – a Rutledge –, tendo dado tal nomenclatura à empresa apenas para fazer confusão com o prefixo M&O da designação do Consórcio M&OS; (iv) Marine recebia antecipadamente, a cada trimestre, a sua participação financeira nos resultados do Consórcio; (v) Marine permitiu a deterioração da empresa que criou (Rutledge), atraindo o descrédito para o Consórcio M&OS e, por extensão, pondo em risco o bom nome de Sampling; (vi) Marine nunca integralizou 90% (noventa por cento) do capital social da Rutledge; (vii) Marine vem sofrendo, junto à Rutledge, um descrédito crescente no mercado, tendo títulos protestados, com reflexos no bom nome do Consórcio e, por extensão, da Sampling, dada a sua condição de líder; (viii) Rutledge teve inúmeros títulos protestados, alguns em nome de MOR – Marine & Off.R.Brasil Ltda., o que não só identifica o devedor como uma empresa do grupo Marine, como também comprova o risco de mercado que o Consórcio M&OS e a Sampling vêm sofrendo com a inadimplência da Rutledge; (ix) alguns débitos da Marine foram pagos pelo Sócio da Sampling; (x) Rutledge acumula débitos de aluguéis; (xi) Rutledge não está regular perante o fisco e o FGTS.

A Sampling requer, ainda, a antecipação dos efeitos da tutela, de forma a permitir que ela – a Sampling – administre, isoladamente, o Consórcio M&OS, na qualidade de líder. Como *fumus boni iuri* que fundamenta a referida antecipação de tutela, Sampling reitera as alegações acima indicadas, e, como *periculum in mora*, apresenta o fato de os 66 funcionários do Consórcio M&OS serem registrados diretamente pela Sampling, sendo que, como todos os documentos da área financeira do Consórcio M&OS são assinados por ambas as consorciadas, a falta da tutela pode impedir a movimentação financeira do Consórcio, causando-lhe dano irreparável ou de difícil reparação.

Por fim, a Sampling requer que seja declarada ou decretada a dissolução total ou parcial do Consórcio, recebendo a sócia Marine seus haveres, sem que tal dissolução signifique extinção do contrato vigorante com a Petrobras, que foi firmado pela Sampling, em nome próprio. Foi dado à causa o valor de R$ 50.000,00 (cinquenta mil reais).

A Marine, em sua contestação, objeta a existência de personalidade jurídica pelo Consórcio, nos termos do artigo 278, parágrafo 1º, da Lei das Sociedades por Ações. Destaca que o art. 985 do Código Civil não revogou o referido dispositivo da Lei das Sociedades por Ações (parágrafo 1º do art. 278), pois: (a) o Consórcio não é sociedade, na acepção do Código Civil; (b) o Código Civil não trata das sociedades anônimas e tampouco dos Consórcios, que continuam regidos por lei especial (Lei das Sociedades por Ações); e (c) a Lei n. 8.934/1994, que regula o registro de empresas mercantis, diferencia as sociedades mercantis do Consórcio (art. 32); (d) o Consórcio não está incluído no termo "sociedade", conforme artigo 985 do Código Civil, não podendo a citada norma reger qualquer alteração na legislação especial que trata dos Consórcios.

Marine alega que Sampling estaria inadimplente, pois se negou a aprovar a alteração do contrato de constituição do Consórcio M&OS, que visava tão somente substituir o diretor indicado por Marine. Com isso, pretende aplicar a teoria da exceção do contrato não cumprido ao contrato de Consórcio.

Além disso, Marine traz um fato novo em sua contestação. Alega que, antes da constituição do Consórcio M&OS, as partes haviam firmado um documento intitulado "Instrumento particular de fixação de regras para o funcionamento do Consórcio M&O Sampling", o qual estabelecia a intenção das partes em constituírem um Consórcio para se habilitarem na Licitação. Nesse sentido, Sampling não poderia ter assinado sozinha o contrato com a Petrobras.

Nesse sentido, o Consórcio M&OS não tinha por objeto apenas a participação na Licitação, mas também a execução dos serviços objeto do contrato firmado com a Petrobras. Tanto era assim que, após a assinatura do contrato com a Petrobras, as partes passaram a trabalhar em conjunto para o desenvolvimento do objeto do referido contrato, conforme regras estabelecidas na constituição do Consórcio M&OS.

Com relação à alegação de que a Marine foi ao INPI sozinha, esclareceu que assim o fez em nome próprio, e não do Consórcio. Marine dirigiu-se ao INPI com o intuito de fazer uma simples consulta, a qual visava saber se o registro do documento de constituição do Consórcio era necessário para viabilizar a remessa de dividendos para o exterior.

Com relação ao pedido de dissolução do Consórcio M&OS, Marine alega que este foi constituído por prazo certo e visando a execução de um empreendimento determinado, não podendo agora vir a ser dissolvido, em observância ao princípio do *pacta sunt servanda*. Além disso, diz

4. OUTRAS FORMAS DE SOLUÇÃO DE CONFLITOS EM CONSÓRCIOS

que o pedido de dissolução do Consórcio M&OS não pode ser fundamentado no fato de este ter se tornado inexequível, visto que a Sampling requer a manutenção do contrato com a Petrobras.

Sobre a criação da empresa Rutledge, Marine informa que isso não teve qualquer impacto sobre o Consórcio M&OS, visto que o instrumento particular de fixação de regras para o funcionamento do Consórcio M&OS previa a substituição da Marine por uma subsidiária brasileira, tendo a Sampling consentido com a constituição de tal sociedade.

Rutledge tinha como objetivo implementar e alavancar os negócios do Consórcio M&OS com a Petrobras, não podendo ser considerada concorrente do Consórcio, uma vez que este possui objeto específico, o qual não inclui a captação de novos projetos no mercado. Assim, a Rutledge teve como objetivo respaldar tecnicamente o Consórcio no tocante à prestação de serviços à Petrobras.

A sigla M&O sempre foi utilizada pelas empresas do grupo Marine, uma vez que representa as iniciais de "Marine & Offshore", a denominação social de sua principal sociedade.

No tocante aos protestos e problemas fiscais e com o FGTS, mencionados por Sampling, Marine informa que a maior parte deles já havia sido quitada, sendo que as pendências ainda existentes estavam sendo sanadas.

Quanto aos pagamentos feitos pelo sócio da Sampling, Marine esclarece que estes ocorreram mediante a utilização de recursos próprios, decorrentes de sua participação no Consórcio M&OS.

Com disso, Marine requer que o processo seja extinto sem julgamento do mérito e, alternativamente, que a ação seja julgada improcedente. Paralelamente, apresenta reconvenção com pedido de antecipação de tutela para que a Sampling seja compelida a realizar a alteração (i) do contrato de constituição do Consórcio, com a substituição o diretor indicado pela Marine; e (ii) do contrato firmado com a Petrobras, para que a contratada deixe de ser a Sampling, isoladamente, e, em seu lugar, passe a figurar o Consórcio M&OS. Aduz dano urgente consistente na inexistência de procurador e de diretor do Consórcio M&OS que a represente.

Seguindo-se à fase postulatória, o juiz de primeiro grau nomeou um administrador judicial para suprir a necessidade do Consórcio M&OS e deu início à fase pericial, na qual foi designado um perito para analisar se as contas do Consórcio M&OS haviam sido impactadas pela conduta da Marine.

Antes da prolação da sentença, a Sampling junta aos autos a comprovação de que o contrato com a Petrobras havia se encerrado e solicita a extinção da ação sem o julgamento do mérito.

Em primeira instância o pedido do autor foi julgado procedente para decretar a dissolução total do Consórcio M&OS, com base nos seguintes argumentos: (i) Marine descumpriu cláusulas contratuais; (ii) o representante da Marine dirigiu-se diretamente ao INPI pretendendo averbar o contrato de Consórcio M&OS; (iii) Marine está quase falida e a perícia comprova que esta não logrou esforços para cooperar com os objetivos do Consórcio M&OS, colocando em risco o empreendimento; (iv) o contrato com a Petrobras já se encontrava extinto no momento da sentença; (v) o direito de retirada de sócio e a ação de dissolução de sociedade têm como fundamento jurídico o art. 1.029 do Código Civil, tendo a Sampling comprovado a justa causa para a dissolução do Consórcio M&OS, constituído por prazo determinado.

Além disso, na sentença, o juiz afasta o pedido reconvencional e determina que a apuração de eventuais haveres dos sócios seja feita em sede de liquidação de sentença.

Inconformada, Marine apelou da sentença, alegando que vinha cumprindo com suas obrigações contratuais, não havendo qualquer prova que contrarie a sua qualificação e produtividade, ou que demonstre falha ou inexecução dos cursos por sua culpa exclusiva. Pelo contrário, Marine alega que a vitória no procedimento licitatório deu-se apenas em razão da especialidade e capacidade técnica trazida pela Marine em favor da Sampling, bem como que ela – Marine – havia produzido diversos documentos para atender as demandas do Consórcio M&OS, sendo que todos os cursos objeto do contrato com a Petrobras foram oferecidos por intermédio de um funcionário da Marine, a serviço do Consórcio M&OS.

Com relação à consulta feita ao INPI, Marine informa não haver qualquer ilegalidade ou irregularidade em sua conduta, pois, ao fazê-lo, Marine representava os seus próprios interesses e não os do Consórcio M&OS.

Sob o ponto de vista do processo, Marine alega que Sampling nunca respondeu aos questionamentos do perito. Com relação ao laudo

4. OUTRAS FORMAS DE SOLUÇÃO DE CONFLITOS EM CONSÓRCIOS

pericial, Marine informa que este estaria viciado, visto que todas as referências ali existentes apontam para pessoa jurídica distinta da Marine (a qual, apesar de integrar o seu grupo econômico, não integra o Consórcio M&OS).

Nesse sentido, a empresa que está passando por dificuldades financeiras, e que constou do laudo pericial, não tem qualquer relação com o Consórcio M&OS ou com o contrato firmado com a Petrobras, não devendo ser considerada para os fins da ação.

Marine, por sua vez, nunca teria tido problemas financeiros e atuaria em diversos países do mundo, de maneira que a causa invocada na sentença é inexistente.

Além disso, Marine alega que Sampling alterou seu pedido ao informar sobre a extinção do contrato com a Petrobras e requerer a extinção do processo sem julgamento do mérito.

Com isso, conclui que não houve justa causa para a dissolução do Consórcio M&OS, pois a empresa estrangeira, signatária do termo de constituição do Consórcio M&OS, nunca teria causado qualquer prejuízo ao Consórcio M&OS, sendo que, na realidade, o objetivo da Sampling com a ação de dissolução do Consórcio era apenas receber integralmente os créditos decorrentes do contrato firmado junto à Petrobras, o que fica claro tendo em vista que ela teria inclusive impedido a atuação do administrador judicial e obstado o acesso da ré aos relatórios financeiros do Consórcio M&OS. Dessa forma, Sampling terminou o contrato com a Petrobras sem repassar quaisquer valores à Marine.

Em sede de contrarrazões, a Sampling alega que a constituição do Consórcio M&OS se deu apenas para a execução dos serviços com a Petrobras e, tendo este sido extinto, aquele não tem mais razão de ser. Nesse sentido, também não tem mais razão o pedido da ré para a alteração do contrato de constituição do Consórcio M&OS e do contrato com a Petrobras.

Por fim, o acórdão manteve a sentença de primeira instância, na íntegra, com base, em síntese, nos argumentos principais destacados a seguir.

O primeiro argumento para a manutenção da sentença refere-se a como deve ser feita a análise do caso, devendo esta se fundamentar em dois pontos centrais: (i) se a Marine cumpria com suas obrigações consorciais; e (ii) se as suas atividades alheias ao Consórcio M&OS representavam risco ao empreendimento.

Nesse sentido, o tribunal entendeu que, apesar de a consulta ao INPI não ser indício de descumprimento das obrigações pela ré, as atividades da Marine, de fato, representavam risco ao empreendimento. Isso pois, se uma empresa do seu grupo econômico estava passando por dificuldades financeiras, a Marine *possivelmente* teria que suportar tais prejuízos, "pelo que se mostra indiscutível o perigo de tal situação importar prejuízo para o Consórcio M&OS, por ela formado e, consequentemente, para a apelada"[249].

Além disso, outro motivo relevante para a manutenção da sentença de primeira instância, o Consórcio M&OS teria sido firmado por prazo determinado, extinguindo-se com a rescisão do contrato firmado com a Petrobras, o que, de fato, aconteceu no curso do processo.

Por fim, em razão do acolhimento dos pedidos de Sampling, a reconvenção foi julgada carente.

Como se pode notar, a discussão travada nos autos do processo focou meramente nos fatos, distanciando-se dos argumentos de direito, principalmente, daqueles relativos à natureza jurídica do Consórcio e sobre como deve ser o relacionamento das partes nesse tipo de associação. Infelizmente, nem a sentença de primeira instância tampouco o acórdão proferido pelo tribunal entraram em detalhes a respeito do assunto, admitindo a dissolução total do Consórcio em razão de dois argumentos principais: (i) a justa causa por parte da Sampling, em razão dos problemas financeiros verificados no grupo econômico da Marine; e (ii) a condição resolutiva prevista no contrato de constituição do Consórcio, que previa a dissolução automática do Consórcio M&OS, na hipótese de extinção do contrato com a Petrobras.

Em primeiro lugar, questiona-se a respeito da adequação do procedimento de dissolução societária para um Consórcio, que possui natureza contratual.

O processo em análise foi julgado antes da promulgação do novo Código de Processo Civil e, nesse sentido, conforme disposto no antigo diploma, as questões relativas à dissolução de sociedades seguiam

---

[249] Conforme depreende-se da página 4 do acórdão proferido nos autos do processo.

4. OUTRAS FORMAS DE SOLUÇÃO DE CONFLITOS EM CONSÓRCIOS

o previsto no Decreto Lei n. 1.608/1939[250]. O referido decreto[251], em seu artigo 655, estabelecia que a dissolução era aplicável às sociedades civis ou mercantis.

Ora, conforme visto acima, o Consórcio não se confunde com as sociedades tampouco possui personalidade jurídica, conforme disposição legal expressa (art. 278, par. 1º, da Lei das Sociedades por Ações), de maneira que o procedimento adotado se mostra totalmente inadequado.

A alegação de Sampling, no sentido de que o Consórcio M&OS teria personalidade jurídica por serem os seus atos registrados (art. 958 do Código Civil[252]), não se sustenta, pois, como dito acima, a Lei das Sociedades por Ações é expressa ao estabelecer que os Consórcios são destituídos de personalidade jurídica, a despeito da necessidade do registro. Além disso, por todos os motivos expostos ao longo do presente trabalho, não se pode dizer que o Consórcio se confunde com uma sociedade, tratando-se apenas de um contrato colaborativo.

Como se sabe, as ações de dissolução de sociedade têm como resultado imediato a apuração dos haveres, que nada mais são do que os valores a serem pagos, pela sociedade, ao sócio retirante, em razão do valor de suas quotas ou ações. A esse respeito, vale destacar a lição de Fabio Ulhoa Coelho[253]:

> Nas três hipóteses de dissolução parcial da sociedade (retirada, exclusão ou morte de sócio), a repercussão imediata do desfazimento do vínculo societário é o surgimento de uma obrigação: o sócio retirante ou excluído ou os

---

[250] Vale lembrar que, atualmente, com a alteração do Código de Processo Civil, não existe mais um procedimento especial para a dissolução total de sociedade, de forma que, caso as partes pretendam, de fato, obter prestação jurisdicional com o fim de extinguir totalmente uma sociedade ou companhia, deverão seguir o procedimento comum. Apenas o procedimento de dissolução parcial foi regulado na nova lei.

[251] BRASIL. Decreto-lei n. 1.608, de 18 de setembro de 1939. Código de Processo Civil. Decreto-lei n. 1.608, de 18 de setembro de 1939. Rio de Janeiro, RJ. Disponível em: <http://www.planalto.gov.br/ccivil_03/decreto-lei/1937-1946/Del1608.htm>. Acesso em: 27 jan. 2017.

[252] BRASIL. Lei n. 10.406, de 10 de janeiro de 2002. Institui o Código Civil. Palácio do Planalto Presidência da República, Brasília, DF, 10 de janeiro de 2002. Disponível em: <http://www.planalto.gov.br/ccivil_03/leis/2002/L10406.htm>. Acesso em: 28 nov. 2016.

[253] COELHO, Fábio Ulhoa. A ação de dissolução parcial de sociedade. **Revista de Informação Legislativa,** Brasília, v. 190, n. 48, p. 141-155, abr. 2011. Disponível em: <http://www2.senado.leg.br/bdsf/bitstream/handle/id/242887/000923100.pdf>. Acesso em: 29 nov. 2016.

sucessores do sócio falecido passam a ser credores da sociedade pelo reembolso das quotas. Esse é o ponto nuclear da significativa maioria dos litígios societários envolvendo sociedades limitadas. Verificada a dissolução parcial da sociedade, quanto vale a parte do sócio que se desvinculou? Esses litígios envolvem, por isso, a tormentosa discussão sobre o valor da participação societária.

Ora, os Consórcios, por não possuírem personalidade jurídica e pela falta de previsão legal a respeito, são desprovidos de patrimônio social próprio, dependendo, exclusivamente, das contribuições das consorciadas para desenvolverem suas atividades[254]. Assim, como quantificar a participação dos membros integrantes do Consórcio?

Na prática, o que se verifica é que os consorciados apenas contribuem para a realização de um empreendimento determinado, sem constituir um novo patrimônio. Nesse sentido, após a dissolução de um Consórcio são apurados eventuais resultados, bem como os créditos e débitos entre as consorciadas, conforme previsto no contrato de Consórcio, não havendo que se falar em reembolso de quotas ou ações.

Desta feita, verifica-se que a apuração de haveres em um Consórcio não tem qualquer fundamento. Para se averiguar a necessidade de pagamento ou recebimento de quaisquer valores pelo consorciado retirante bastaria, em termos práticos, uma perícia contábil que auferisse quanto foi investido por cada consorciado, frente ao que foi recebido pelo Consórcio até a data da saída efetiva, por meio de uma conta corrente. Caso os valores estejam em linha com o que foi combinado no contrato de Consórcio, não há que se falar em pagamento de parte a parte.

Sendo assim, o meio processual adequado para o reconhecimento da rescisão do contrato de Consórcio seria por meio de uma ação declaratória (art. 318 do Código de Processo Civil), podendo inclusive ser feito um pedido de tutela provisória (art. 294 do Código de Processo Civil).

Com relação ao primeiro argumento, relativo à justa causa para a resolução do contrato de Consórcio, entende-se que este não deveria ter prevalecido, visto que, como exposto ao longo deste trabalho, o Consór-

---

[254] Conforme: GOMES JÚNIOR, Roberto Lincoln de Sousa. **Regime de responsabilidade patrimonial nos consórcios de empresas**. 2015. 253 f. Tese (Doutorado). Curso de Direito, Universidade de São Paulo Faculdade de Direito, São Paulo, 2015.

4. OUTRAS FORMAS DE SOLUÇÃO DE CONFLITOS EM CONSÓRCIOS

cio não possui natureza de sociedade, mas sim de contrato e, nesse sentido, não se aplica o disposto no artigo 5º, XX, da Constituição Federal.

O argumento da justa causa para a dissolução de um Consórcio é contrário ao princípio do *pacta sunt servanda*, e, no caso, a sua aplicação equivale ao desfazimento judicial de um contrato de fornecimento de bens simplesmente porque o fornecedor e o comprador tiveram algum desentendimento após firmado o contrato.

Além disso, a justa causa que fundamentou a decisão viola por completo o princípio da separação patrimonial, visto pressupor que as dificuldades financeiras de uma sociedade *possivelmente* implicariam prejuízos para as demais empresas do grupo a ela vinculado – incluindo os consórcios de que participem. Ora, isso não faz qualquer sentido, ainda mais quando levado em consideração o fato de que não foi apresentado qualquer argumento ou pedido que justificasse a desconsideração da personalidade jurídica da Marine e/ou das demais empresas de seu grupo.

Já no tocante ao segundo argumento – de que o encerramento do contrato com a Petrobras ensejaria a dissolução automática do Consórcio –, apesar de constituir um pedido superveniente, é correto, visto que o Consórcio possui objeto determinado e não pode vigorar indefinidamente, após exaurido o seu fim.

Assim, verifica-se que, na realidade, um dos principais motivos que fundamentaram a decisão está relacionado a uma questão contratual – implemento de condição resolutiva – e não societária, o que, mais uma vez, mostra a inadequação do procedimento adotado.

Há que se destacar, por fim, que a superficialidade com que foi tratada a matéria discutida nos autos pelos juízes e desembargadores, bem como a demora na prestação jurisdicional (lembrando que a sentença foi proferida após encerrado o contrato firmado com a Petrobras), revela algumas das dificuldades enfrentadas pelo Poder Judiciário com relação à solução dos conflitos empresariais, o que justifica o estudo de formas alternativas de prevenção e solução de controvérsias em Consórcios.

Conclusão

Este trabalho buscou responder aos seguintes questionamentos: (i) qual o regramento jurídico aplicável aos Consórcios e quais as suas principais características?; (ii) quais as consequências do inadimplemento de obrigações contratuais assumidas pelas consorciadas?; (iii) quais as melhores práticas para a prevenção de conflitos entre consorciadas?; (iv) quais as melhores práticas para a solução de conflitos entre consorciadas?

Com relação ao primeiro item, conforme demonstrado na primeira parte deste trabalho, identificou-se que a natureza jurídica dos Consórcios é contratual e não societária. Trata-se de uma parceria, entre duas ou mais empresas, que atuarão de forma coordenada e organizada para a execução, em conjunto, de determinado empreendimento.

Como visto, os Consórcios não se confundem com Sociedades em Comum, Sociedades de Propósito Específico, Sociedades em Conta de Participação, Cooperativas ou outras formas de associação societárias. Podem estar presentes em Alianças Estratégicas e são considerados, pela maioria dos autores, como Grupos de Sociedades por Coordenação. Além disso, a depender da sua função econômica[255], podem configurar um cartel, ficando, as suas consorciadas, sujeitas às penalidades aplicáveis a este tipo de infração.

Os Consórcios podem ser classificados como contratos plurilaterais, típicos, consensuais, principais, de duração, empresariais e incompletos.

---

[255] Sempre que se verificar prejuízo à livre concorrência, dominação de mercado, fixação artificial de preços ou quantidades, controle de mercado.

Deve-se, ainda, avaliar se os Consórcios fazem parte de uma rede de contratos coligados, bem como se há algum tipo de dependência econômica entre as partes envolvidas, na medida em que a configuração de tais situações pode afetar diretamente a interpretação e aplicação de tais contratos.

Os requisitos mínimos que devem constar em um contrato de Consórcio são aqueles previstos no artigo 279 da Lei das Sociedades por Ações, a saber: designação, objeto, duração, endereço e foro, obrigações e responsabilidades das consorciadas e suas prestações específicas, receitas e partilha de resultados, administração, contabilidade e representação do Consórcio, deliberações e contribuições das partes para as despesas comuns. Também é obrigatório o registro do contrato de Consórcio perante a junta comercial do Estado em que este se localiza.

Para se responder à segunda pergunta deste trabalho (quais as consequências do inadimplemento de obrigações contratuais assumidas pelas consorciadas?), foi necessário, em primeiro lugar, compreender quem pode participar de um consórcio e como deve ser o relacionamento entre essas consorciadas.

Nesse sentido, identificou-se que os Consórcios empresariais serão sempre compostos por companhias e outras sociedades, empresariais ou não. Para que possam desenvolver o empreendimento objeto do Consórcio, as partes devem colaborar umas com as outras, pautando seus comportamentos na mais estrita boa-fé, a qual guiará o julgamento de eventuais conflitos, agindo como: (i) forma de interpretação e integração do contrato; (ii) limite ao exercício de direitos pelas partes; e (iii) fonte autônoma de direitos e obrigações.

Na hipótese de inadimplemento de quaisquer obrigações assumidas pelas partes, não serão aplicáveis os institutos da exceção do contrato não cumprido e da resolução por inadimplemento contratual, visto tratar-se de um contrato plurilateral, no qual as obrigações das partes não possuem sinalagma entre si, sendo todas convergentes em torno de um mesmo objetivo.

Assim, caso qualquer das partes descumpra as obrigações assumidas contratualmente, caberá às demais cobrarem o seu adimplemento específico (tutela específica) ou, na impossibilidade desta, uma indenização em razão das perdas e danos verificados. Alternativamente, é possível que as demais consorciadas ingressem com uma ação de execução de

CONCLUSÃO

obrigação de fazer, com base no contrato inadimplido – título executivo extrajudicial (art. 815 e seguinte do Código de Processo Civil).

Ainda, para que o Consórcio possa cobrar em juízo o adimplemento de obrigações das consorciadas, é necessária a existência de cláusula expressa nesse sentido, pois, do contrário, entende-se que o Consórcio não terá legitimidade para demandar contra as empresas que o compõem.

Para se responder à terceira questão, relativa às melhores práticas para a prevenção de conflitos entre consorciadas, deve-se ter em mente que o conflito é da natureza humana e, como tal, deve ser tratado como algo natural e possível de acontecer em qualquer relacionamento.

A partir de tal conceito, para prevenir que os conflitos decorrentes da relação entre as Consorciadas possam colocar em risco o empreendimento a ser executado, é essencial que as partes busquem a autocomposição.

Assim, para viabilizar o melhor ambiente e as condições ideais para a discussão de problemas ocorridos entre as partes durante o desenvolvimento do objeto do Consórcio, é importante que o contrato de constituição da parceria vá além dos requisitos básicos exigidos pela legislação.

Recomenda-se que os contratos de Consórcio contenham cláusulas específicas que tratem de 4 (quatro) importantes temas, a saber:

(i) Adaptação do Consórcio a novas necessidades: é importante que o contrato de Consórcio contenha regras sobre a forma de reunião e de deliberação das consorciadas. Tais normas devem ser claras e de fácil aplicação, para evitar dúvidas ou controvérsias que impossibilitem a tomada de decisão;

(ii) Limitação das possibilidades de inadimplemento por qualquer das consorciadas: é essencial que exista um regramento referente ao inadimplemento das obrigações assumidas pelas partes, considerando os graves prejuízos que tal descumprimento pode ocasionar ao Consórcio e às demais consorciadas. É possível prever multas ou mesmo a exclusão da parte que inadimplir suas obrigações no Consórcio. Assim, com a existência desse tipo de normas no contrato de Consórcio, será muito mais fácil para as partes adimplentes: (i) exigirem o cumprimento da obrigação da parte faltosa; ou (ii) cobrarem as perdas e danos incorridos ou as penalidades contratuais aplicáveis;

(iii) Direcionamento de eventuais oportunismos pelas partes: pode-se incluir, como princípios da parceria, normas aplicáveis aos contratos de aliança, que também são colaborativos e de longa duração. Alguns desses princípios são: *best for the project*, suficiência de poderes, consenso nas decisões, *open book, no blame*, e manutenção de boa comunicação; e

(iv) Endereçamento de eventuais acontecimentos imprevisíveis: sugere-se a inclusão de cláusula *hardship* no contrato de Consórcio, segundo a qual, na verificação de determinado acontecimento, as partes se obrigam a renegociar as condições contratadas. Para tanto, deve o contrato ser específico com relação às situações que podem dar ensejo à renegociação, bem como quais procedimentos e formalidades devem ser observados durante as tratativas negociais.

Além do regramento acima sugerido, podem as partes incluir, nos contratos de Consórcio, cláusulas que contenham procedimentos semelhantes aos institutos societários do recesso, retirada ou exclusão de qualquer parte, como forma se prevenir conflitos que impeçam o desenvolvimento do empreendimento.

Ainda, podem ser incluídos, nos contratos de Consórcio, negócios processuais, com vistas à criação de um procedimento similar à ação de dissolução parcial de sociedade, observadas as particularidades do instituto. Para tanto, devem ser feitas as adaptações necessárias, as quais serão formalizadas e expressas no contrato de Consórcio.

Sobre o último questionamento, foram apresentadas algumas sugestões envolvendo a intervenção de terceiros para viabilizar a solução de eventuais litígios surgidos nos Consórcios.

A primeira forma de se solucionar conflitos entre consorciadas foi mediante a inclusão de uma cláusula escalonada no Contrato de Consórcio. A cláusula escalonada nada mais é do que uma regra que estabelece uma ordem de procedimentos a serem seguidos na eventualidade de um conflito entre as partes. Trata-se de um pressuposto processual, que deve ser cumprido antes da propositura da respectiva demanda em juízo ou perante um tribunal arbitral.

Nesse sentido, é possível que as partes estabeleçam um prazo para a negociação do problema e, caso esta seja infrutífera, deverão as consorciadas levar o assunto a mediação e, posteriormente, a arbitragem.

CONCLUSÃO

Inúmeras são as formas que a cláusula escalonada pode adotar, porém, o seu objetivo central é sempre forçar as partes a discutirem amplamente o assunto antes de o submeterem ao judiciário ou a arbitragem.

Outra forma de se solucionar litígios em Consórcios é por meio da instituição de *dispute boards*, muito comuns em contratos de construção de grande porte. Também conhecidos como painéis ou comitês, são um mecanismo privado de solução de conflitos que não possuem força coercitiva e não se confundem com a arbitragem.

Os *dispute boards* devem ser previstos no Contrato de Consórcio e, em geral, são constituídos logo no início da parceria, sendo compostos por terceiros alheios às consorciadas, com conhecimentos técnicos sobre o objeto do Consórcio. Podem ter como função emitir: (i) pareceres e recomendações sugestivas; (ii) decisões que devem ser cumpridas pelas partes; ou (iii) recomendações e, sempre que solicitado por qualquer das partes, decisões. As recomendações e decisões dos comitês sempre poderão ser questionadas em juízo ou perante uma câmara arbitral, porém, na maior parte das vezes, verifica-se o seu cumprimento espontâneo pelas partes.

A conciliação e a mediação aparecem como formas conhecidas de solução de conflitos que podem ser úteis nos Consórcios. Atualmente, tanto a conciliação como a mediação estão previstas no Código de Processo Civil como formas de solução de conflitos que devem ser incentivadas pelo Poder Público.

A conciliação é indicada para conflitos simples, o que não é muito comum no caso dos contratos de Consórcio, motivo pelo qual, em geral, indica-se a utilização da mediação, a qual tem por finalidade, além da solução do litígio, a restauração do relacionamento entre as partes, sendo, por esta razão, muito indicada para os conflitos entre consorciadas.

De toda forma, independentemente da opção adotada no contrato de Consórcio – se a conciliação ou mediação –, é importante que este contenha regras claras a respeito dos seguintes pontos: (i) como e quem poderá iniciá-las; (ii) prazos; (iii) possibilidade de rompimento injustificado dos procedimentos; (iv) termo final; (v) como será feita a indicação do conciliador ou mediador; (vi) quem poderá ser conciliador ou mediador; (vii) honorários do conciliador ou mediador; e (viii) quem será responsável pelo pagamento dos honorários e custas relativas à conciliação ou mediação.

Por fim, a arbitragem também se apresenta como uma sugestão para a solução de conflitos em Consórcios é. Trata-se da última instância a ser buscada pelas partes, tendo em vista que a solução ao conflito não partirá dos próprios envolvidos, mas sim de um terceiro alheio à parceria.

Apesar dos altos custos para a propositura de uma demanda arbitral, devem ser destacadas as suas inúmeras vantagens que, por vezes, superam tal inconveniente: (i) possibilidade de indicar ou participar da escolha dos árbitros; (ii) o tempo para a solução definitiva dos conflitos é muito menor do que no judiciário; (iii) flexibilidade com relação ao procedimento a ser adotado; e (iv) confidencialidade.

Para ser possível a submissão de qualquer conflito à arbitragem, é necessário que as partes firmem uma convenção de arbitragem, que pode tomar duas formas, a saber: (i) cláusula compromissória, que consta do próprio contrato; ou (ii) compromisso arbitral, firmado após o surgimento do litígio. Quando se optar pela utilização de cláusula compromissória, é importante que todos os requisitos necessários ao início ao procedimento estejam claros, sob pena de se estar diante de uma cláusula arbitral vazia, que poderá atrasar a solução do conflito, na medida em que demandará a posterior celebração de um compromisso arbitral.

Além dos requisitos necessários à instauração da arbitragem, convém incluir, na cláusula arbitral, (i) definição das matérias que poderão ser submetidas à arbitragem; (ii) local onde será desenvolvida a arbitragem e onde será proferida a sentença; (iii) autorização para que o(s) árbitro(s) julgue(m) por equidade, caso esta seja a intenção das partes; (iv) indicação da legislação aplicável; (v) indicação acerca da responsabilidade pelo pagamento dos honorários e das custas e despesas com a arbitragem; (vi) fixação dos honorários do(s) árbitro(s); (vii) indicação do foro competente para dirimir quaisquer conflitos que não possam ser solucionados por meio da arbitragem, bem como para conceder tutelas de urgência antes da instalação do tribunal e para executar a sentença arbitral.

Os procedimentos da arbitragem podem seguir o regulamento de uma instituição arbitral (arbitragem institucional) ou podem ser convencionados livremente pelas partes (arbitragem *ad hoc*), sendo importante, em ambos os casos, a escolha dos árbitros, a fim de se evitar a indicação de alguém com pouco tempo disponível ou, ainda, que possua entendimento contrário ao que será perseguido pela parte no processo.

Por fim, foi analisado um precedente judicial que trata da dissolução de um Consórcio. No caso, verificou-se que um dos principais argumentos para o juiz e o tribunal acatarem o pedido de dissolução fundamenta-se em um fato de direito contratual – condição resolutiva do contrato –, e não societário. Além disso, nota-se que os julgadores evitaram as discussões acerca da natureza jurídica do Consórcio, como deve ser o relacionamento das consorciadas e sobre a adequação do procedimento adotado.

Nesse sentido, entende-se que o procedimento de dissolução de sociedade, tal como foi adotado, não foi o mais adequado, tendo em vista o caráter contratual do Consórcio.

Assim, com base na pesquisa legislativa, doutrinária e jurisprudencial, foi possível compreender a natureza jurídica dos Consórcios, alertando para determinados assuntos que podem ser abordados na elaboração dos seus respectivos contratos, como forma de se prevenir e solucionar conflitos entre as consorciadas.

Com este estudo espera-se ter demonstrado que os Consórcios, em sua atual configuração perante a legislação brasileira, são importantes para o desenvolvimento de negócios no país, sendo que a sua correta utilização pode ser extremamente benéfica às empresas.

Dentre suas vantagens sobre as sociedades, destaca-se a facilidade para sua constituição, operação e encerramento. A despeito dos riscos envolvendo a atribuição de responsabilidade solidária às empresas que o compõem, em especial, pelas justiças trabalhista e consumerista, bem como em matéria tributária[256], tem-se que, com um contrato claro e bem redigido, tais riscos podem ser mitigados perante as demais esferas.

Igualmente, com relação às formas de se prevenir e solucionar conflitos, caso as partes tenham a maturidade necessária para discutirem tais questões, formalizando-as adequadamente no instrumento de constituição dos consórcios, terão elas flexibilidade para normatizarem a sua relação durante a parceria, da maneira como melhor entenderem.

---

[256] Atualmente, no Brasil, o risco de desconsideração da personalidade jurídica para atribuição de responsabilidade solidária aos sócios em ações envolvendo direito do trabalho, direito tributário e direito do consumidor, não é exclusividade dos Consórcios e se verifica, em grande escala na maior parte das sociedades.

Sob tal ponto de vista, entende-se que os Consórcios deveriam ser estimulados em outras áreas da economia, além daquelas em que são tradicionalmente utilizados (tal como na construção civil).

REFERÊNCIAS

ABBUD, André de Albuquerque Cavalcanti. **Arbitragem no Brasil – Pesquisa CBAr-Ipsos**. 2012. Disponível em: <http://www.cbar.org.br/PDF/Pesquisa_CBAr-Ipsos-final.pdf>. Acesso em: 28 nov. 2916.

ACQUAVIVA, Marcus Claudio. **Dicionário jurídico brasileiro Acquaviva**. São Paulo: Editora Jurídica Brasileira, 2006.

AGUIAR JÚNIOR, Ruy Rosado de. Contratos relacionais, existenciais e de lucro. **Revista Trimestral de Direito Civil: RTDC**, Rio de Janeiro, ano 12, v. 45, p. 91-110, jan./mar. 2011. Disponível em: <http://www.ruyrosado.com/upload/site_producaointelectual/141.pdf>. Acesso em: 26 fev. 2017.

ASCARELLI, Tullio. **Problemas das sociedades anônimas e direito comparado**. Campinas: Bookseller, 1999.

AZEVEDO, Antônio Junqueira de. Natureza jurídica do contrato de consórcio: Classificação dos Atos jurídicos quanto ao número de partes e quanto aos Efeitos. Os contratos relacionais. A boa-fé nos contratos Relacionais. Contratos de duração. Alteração das Circunstâncias e onerosidade excessiva. Sinalagma e Resolução contratual. Resolução parcial do contrato. Função social do contrato. **Revista dos Tribunais**, São Paulo, v. 832/2005, n. 0, p. 115-137, fev. 2005. Disponível em: <http://revistadostribunais.com.br/maf/app/resultList/document?&src=rl&srguid=i0ad6adc500000158a65d3a>. Acesso em: 27 nov. 2016. (Paginação da versão eletrônica difere da versão impressa.)

BARBOSA, Henrique Cunha. Dissolução parcial, recesso e exclusão de sócios: diálogos e dissensos na jurisprudência e nos projetos de CPC e de Código Comercial. In: AZEVEDO, Luís André N. de Moura; CASTRO, Rodrigo R. Monteiro de (coord.). **Sociedade limitada contemporânea.** São Paulo: Quartier Latin, 2013.

BRASIL. CONSELHO NACIONAL DE JUSTIÇA. Manual de Mediação Judicial. 2016. Disponível em: <http://www.cnj.jus.br/files/conteudo/arquivo/2016/07/f247f5ce60df2774c59d6e2dddbfec54.pdf>. Acesso em: 23 jan. 2017.

BRASIL. Poder Judiciário. **Justiça em Números**. Disponível em: <http://www.cnj.jus.br/files/conteudo/arquivo/2016/10/b8f46be3dbff344931a933579915488.pdf>. Acesso em 11.11.2016, às 15:41 h.

CAHALI, Francisco José. **Curso de arbitragem**: mediação: conciliação: resolução CNJ 125/2010. 4. ed. São Paulo: Editora Revista dos Tribunais, 2015. Disponível em: <https://proview.thomsonreuters.com/title.html?redirect=true&titleKey=rt/monografias/77225019/v5.3&titleStage=F&titleAcct=ia744a5af00000157f35344a-8b8737942#sl=e&eid=552a9bc727e75f6fd001a16e2f25dee+A84e&eat=a-108552349&pg=6&psl;=&nvgS=false>. Acesso em: 09 nov. 2016.

("CAM-CCBC"), Centro de Arbitragem e Mediação da Câmara de Comércio Brasil-Canadá. TABELA DE DESPESAS 2017. Disponível em: <http://www.ccbc.org.br/Noticias/5069/tabela-de-despesas-2017>. Acesso em: 1º jan. 2017.

CAMARGO, André Antunes Soares de. A assembleia geral: melhor forma de solução de conflitos societários? In: YARSHELL, Flávio Luiz; PEREIRA, Guilherme Setoguti J. (coords.). **Processo societário**. São Paulo: Quartier Latin, 2015, v. II.

CARVALHOSA, Modesto. **Comentários à Lei das Sociedades Anônimas**: arts. 243 a 300 da Lei 6.404, de 15 de dezembro de 1976, com as modificações da Lei n. 11.941, de 27 de maio de 2009. 4. ed. ver. e atual. São Paulo: Saraiva, 2011. 4º v., t. II.

CATAPANI, Márcio Ferro. Os contratos associativos. In: (Coord.) Erasmo Valladão Azevedo e Novaes França. **Direito Societário Contemporâneo I**. São Paulo: Quartier Latin, 2009.

CAVALLI, Cássio. O direito da empresa no novo Código Civil. **Revista de Direito Mercantil**. Iss. 131 (2003). Disponível em: <http://works.bepress.com/cassiocavalli/6/>. Acesso em: 15 out. 2016, às 12:24 h.

COASE, Ronald Harry. **The firm, the Market, and the law**. United States of America: The University of Chicago. 1. ed. Digital.

COELHO, Fábio Ulhoa. A ação de dissolução parcial de sociedade. **Revista de Informação Legislativa**, Brasília, v. 190, n. 48, p. 141-155, abr. 2011. Disponível em: <http://www2.senado.leg.br/bdsf/bitstream/handle/id/242887/000923100.pdf>. Acesso em: 29 nov. 2016.

CONSÓRCIO CONSTRUTOR BELO MONTE. **Empreendimento**. Disponível em: <https://www.consorciobelomonte.com.br/Publico.aspx?id=4>. Acesso em: 9 out. 2016, às 17:56 h.

CONSÓRCIO CONSTRUTOR BELO MONTE. **O Consórcio**. Disponível em: <https://www.consorciobelomonte.com.br/Publico.aspx?id=2>. Acesso em: 9 out. 2016, às 17:56 h.

COORDENAÇÃO DE SUPORTE OPERACIONAL CGSR/DREI/SEMPRE -PR. [e-Ouv – Sistema de Ouvidorias] Manifestação Respondida no Sistema. [mensagem pessoal]. Mensagem recebida por: <vanessaferraritei xeira@gmail.com>. Em: 20 mar. 2017.

EIZIRIK, Nelson. **A lei das S/A comentada**. São Paulo: Quartier Latin, 2011. v. III.

EIZIRIK, Nelson. **Direito societário**: estudos e pareceres. São Paulo: Quartier Latin, 2015.

ENEI, José Virgílio Lopes. **Project finance**: financiamento com foco em empreendimentos (parcerias público-privadas, leveraged buy-outs e outras figuras afins). São Paulo: Saraiva, 2007.

ESTEVES, Daniel Santa Bárbara. Consórcio de Empresas. In: FERNANDES, Wanderley (Coord.). **Contratos empresariais**: contratos de organização da atividade econômica. São Paulo: Saraiva, 2011.

FERNANDES, Wanderley; RODRIGUEZ, Caio Farah. Aspectos contratuais da "aliança" em empreendimentos de infraestrutura. In: FERNANDES, Wanderley (Org.). **Contratos empresariais**: contratos de organização da atividade econômica. São Paulo: Saraiva, 2011.

FONSECA, Priscila M. P. Corrêa da. **Dissolução parcial, retirada e exclusão de sócio**. 4. ed. São Paulo: Atlas, 2007.

FORGIONI, Paula A. **Contratos empresariais**: teoria geral e aplicação. 2. ed. rev., atual. e ampl. São Paulo: Editora Revista dos Tribunais, 2016.

FORGIONI, Paula A. **Teoria geral dos contratos empresariais**. São Paulo: Editora Revista dos Tribunais, 2009.

FRAZÃO, Ana. **Joint ventures contratuais**. RIL, Brasília, v. 207, n. 52, p. 187-211, jul. 2015. Disponível em: <http://www2.senado.leg.br/bdsf/bitstream/ handle/id/515194/001049176.pdf?sequence=1>. Acesso em: 12 out. 2016.

GOMES, Orlando; BRITO, Edvaldo (Coord.). **Contratos**. 26. ed. 5. tir. Rio de Janeiro: Forense, 2009.

GOMES JÚNIOR, Roberto Lincoln de Sousa. **Regime de responsabilidade patrimonial nos consórcios de empresas**. 2015. 253 f. Tese (Doutorado). Curso de Direito, Universidade de São Paulo Faculdade de Direito, São Paulo, 2015.

HALONEN-AKATWIJUKA, Maija; HART, Oliver. **More is Less: Why Parties May Deliberately Write Incomplete Contracts.** 2013. Disponível em: <http://scholar.harvard.edu/files/hart/files/more_is_less_april_19_2013-2_copy.pdf>. Acesso em: 12 out. 2016. (tradução nossa).

HARTMANN, Rodolfo Kronemberg. **Novo Código de Processo Civil.** Niterói: Ímpetus, 2015.

ICC INTERNATIONAL COURT OF ARBITRATION. **Statistics.** Disponível em: <http://www.iccwbo.org/Products-and-Services/Arbitration-and-ADR/Arbitration/Introduction-to-ICC-Arbitration/Statistics/>. Acesso em: 25 fev. 2017.

KIRSCHBAUM, Deborah; CONADO, Vanessa Rahal; MEIRA, Thaís de Barros. Consórcio e sociedade em conta de participação: planejamento tributário ilícito. In: PRADO, Roberta Nioac; PEIXOTO, Daniel Monteiro; DINIZ DE SANTI, Eurico Marcos (coord.). **Direito societário:** estratégias societárias, planejamento tributário e sucessório. São Paulo: Saraiva, 2009.

KRAAKMAN, Reinier H. et al. **The anatomy of corporate law:** a comparative and functional approach. 2. ed. New York: Oxford University Press, 2009.

KYLE, Beardsley. **Cornell studies in security affairs:** The mediation dilemma. Ithaca, US: Cornell University Press, 2001. ProQuest ebrary. Disponível em: <http://getitatduke.library.duke.edu/?sid=sersol&SS_jc=TC0000564870&title=The%20mediation%20dilemma>. Acesso em: 10 nov. 2016. (tradução nossa).

LEÃES, Luiz Gastão Paes de Barros. Contrato de Consórcio. In: ____. **Pareceres.** São Paulo: Editora Singular, 2004. v. 1.

LEMES, Selma Maria Ferreira. Acordo de acionistas – sistema de solução de conflitos "tailor-made" – cláusula compromissória aberta (art. 6.º da Lei 9.307/1996), com todas as potencialidades para instituir a arbitragem (art. 7.º) – efeito vinculante – não se trata de cláusula escalonada – mediação ou arbitragem – admissibilidade de cláusula de arbitragem e eleição de foro (execução específica) – cláusula combinada ou fracionada – instituição da arbitragem pelo juízo de primeiro grau (parecer). **Revista de Direito Civil Contemporâneo,** São Paulo, v. 7/2016, n. 0, p. 297-321, jun. 2016. DTR\2016\20329. Disponível em: <http://revistadostribunais.com.br/maf/app/widgetshomepage/resultList/document?&src=rl&srguid=i0ad82d9a00000159dffdc0bed6d8af8b&docguid=If8618c50484311e6bff0010000000000&hitguid=If8618c50484311e6bff0010000000000&spos=3&epos=3&td=23&context=8&crumb-action=append&crumb-label=Documento&isDocFG=false&isFromMultiSumm=true&startChunk=1&end-

Chunk=1>. Acesso em: 27 jan. 2017. (Paginação da versão eletrônica difere da versão impressa.)

LUCENA, José Waldecy. **Das sociedades anônimas**: comentários à lei (arts. 189 a 300). Rio de Janeiro: Renovar, 2012. v. 3.

MACEDO JR., Ronaldo Porto. **Contratos relacionais e de defesa do consumidor**. 2. ed. São Paulo: Revista dos Tribunais, 2007.

MARINO, Francisco Paulo de Crescenzo. **Contratos coligados no direito brasileiro**. São Paulo: Saraiva, 2009.

MARTINS, Fran. **Comentários à Lei das sociedades anônimas**. 4. ed., revista e atualizada por Roberto Papini. Rio de Janeiro: Forense, 2010.

MARTINS-COSTA, Judith H. A cláusula de *hardship* e a obrigação de renegociar nos contratos de longa duração. **Revista de Arbitragem e Mediação**, São Paulo, v. 25/2010, n. 2010308, p. 11-39, abr. 2010. Disponível em: <http://revistadostribunais.com.br/maf/app/widgetshomepage/resultList/document?&src=rl&srguid=i0ad6adc600000158a82d0ef123697321&docguid=I79fba0c0f25511dfab6f010000000000&hitguid=I79fba0c0f25511dfab6f010000000000&spos=20&epos=20&td=58&context=83&crumb-action=append&crumb-label=Documento&isDocFG=false&isFromMultiSumm=true&startChunk=1&endChunk=1>. Acesso em: 2 nov. 2016. (Paginação da versão eletrônica difere da versão impressa.)

MARTINS-COSTA, Judith. H. **A boa-fé no direito privado**: sistema e tópica no processo obrigacional. 1. ed., 2. tir. São Paulo: Editora Revista dos Tribunais, 2000.

MARTINS-COSTA, Judith H. O Direito Privado como um "sistema em construção": As cláusulas gerais no Projeto do Código Civil brasileiro. **Revista de Informação Legislativa**, Brasília, v. 139, n. 35, p. 5-22, jul. 1998. Disponível em: <https://www2.senado.leg.br/bdsf/bitstream/handle/id/383/r139-01.pdf?sequence=4>. Acesso em: 2 nov. 2016.

MENEZES CORDEIRO, António Manuel da Rocha e. **Da boa-fé no direito civil**. Coimbra: Livraria Almedina, 1997.

MOREIRA, Egon Bockmann. Os Consórcios empresariais e as licitações públicas: considerações em torno do art. 33 da Lei 8.666/93. **Revista Eletrônica de Direito Administrativo Econômico: REDAE**, Salvador, BA, v. 0, n. 3, p. 1-19, ago. 2005. Disponível em: <http://www.direitodoestado.com/revista/REDAE-3-AGOSTO-2005-EGON BOCKMANN.pdf>. Acesso em: 16 out. 2016.

MOTTA JÚNIOR, Aldemar de Miranda et al. **Manual de Mediação de Conflitos para Advogados**: Escrito por Advogados. 2014. Disponível em: <http://

mediacao.fgv.br/wp-content/uploads/2015/11/Manual-de-Mediacao-para -Advogados.pdf>. Acesso em: 23 jan. 2017.

MUNHOZ, Eduardo Secchi. **Empresa contemporânea e o direito societário.** São Paulo: Editora Juarez de Oliveira, 2002.

PECORARO, Eduardo. Arbitragem nos contratos de construção. In: SILVA, Leonardo Toledo da (coord.). **Direito e Infraestrutura.** São Paulo: Saraiva, 2012.

PENTEADO, Mauro Rodrigues. **Consórcio de empresas.** São Paulo: Pioneira, 1979.

PIMENTA, Eduardo Goulart. A disciplina legal das sociedades empresárias sob uma perspectiva de Direito & Economia. In: TIMM, Luciano Benetti, et al. **Direito e economia.** 2 ed. rev. e atual. Porto Alegre: Livraria do Advogado Editora, 2008.

PONTES DE MIRANDA, Francisco Cavalcanti. **Tratado de direito privado**: parte especial. Direito das obrigações sociedade por ações (continuação). Sociedade em comandita por ações. Controle das sociedades. Sociedades de investimento, de crédito e de financiamento. São Paulo: Editora Revista dos Tribunais, 2012. t. 51.

PRADO, Viviane Muller. Grupos Societários: análise do modelo da Lei 6.404/1976. **Revista Direito GV**, São Paulo, v. 1, n. 2, p. 005-028, jun. 2005. Disponível em: <http://bibliotecadigital.fgv.br/dspace/bitstream/ handle/10438/9651/Viviane Muller Prado.pdf?sequence>. Acesso em: 15 out. 2016.

RAMIRES, Rogério. **A sociedade em conta de participação no direito brasileiro.** 2. ed. São Paulo: Almedina, 2013.

REALE, Miguel. A boa-fé no código civil. **Revista de Direito Bancário e do Mercado de Capitais.** vol. 21. p. 11-13. Jul.-Set./2003.

SCARAMUZZO, Mônica. Crise reforça brigas societárias em empresas no Brasil. 2016. Disponível em: <http://exame.abril.com.br/negocios/crise-reforca -brigas-societarias-em-empresas-no-brasil/>. Acesso em: 23 fev. 2017.

SILVA, Fabiana Carsoni Alves Fernandes da. **Consórcios de Empresas**: Aspectos Jurídicos Relevantes. São Paulo: Quartier Latin, 2015.

THEODORO JÚNIOR, Humberto et al. **Novo CPC**: Fundamentos e sistematização. 2. ed. Rio de Janeiro: Forense, 2015.

THE ROYAL SWEDISH ACADEMY OF SCIENCES. **The Prize in Economic Sciences 2016.** 2016. Disponível em: <https://www.nobelprize.org/nobel_ prizes/economic-sciences/laureates/2016/press.pdf>. Acesso em: 12 out. 2016.

REFERÊNCIAS

Timm, Luciano Benetti. Ainda sobre a função social do direito contratual no Código Civil brasileiro: justiça distributiva *versus* eficiência econômica. In: Timm, Luciano Benetti et al. **Direito e economia**. 2. ed. rev. e atual. Porto Alegre: Livraria do Advogado Editora, 2008.

Tirole, Jean. Incomplete contracts: where do we stand? **Econometrica**, France, v. 67, n. 4, p. 741-781, jul. 1999. Disponível em: <http://onlinelibrary.wiley.com/doi/10.1111/1468-0262.00052/epdf>. Acesso em: 12 out. 2016.

Trindade, Marcelo Fernandez; Tannous, Thiago Saddi. O art. 1.032 do Código Civil e sua interpretação. In: Yarshell, Flávio Luiz; Pereira, Guilherme Setoguti J. (coords.). **Processo societário**. São Paulo: Quartier Latin, 2015. v. II.

Van Wassenaer, Arent. Alianças e parcerias como métodos de assegurar a entrega de projetos melhores. In: Silva, Leonardo Toledo da (coord.). **Direito e Infraestrutura**. São Paulo: Saraiva, 2012.

Vasconcelos, Carlos Eduardo de. **Mediação de conflitos e práticas restaurativas**. 5. ed. rev., atual. e ampl. Rio de Janeiro: Forense; São Paulo: Método, 2017.

Vaz, Ernesto Luís Silva. **Consórcio de empresas**: regime jurídico. 2010. 160 f. Dissertação (Mestrado). Curso de Direito, Faculdade de Direito, Universidade de São Paulo, São Paulo, 2010. Disponível em: <http://www.teses.usp.br/teses/disponiveis/2/2132/tde-21022014-163707/pt-br.php>. Acesso em: 16 out. 2016.

Venosa, Sílvio de Salvo. **Direito Civil**: contratos. 17. ed. São Paulo: Atlas, 2017.

Verçosa, Haroldo Malheiros Duclerc. **Contratos mercantis e teoria geral dos contratos**: o Código Civil de 2002 e a crise do contrato. São Paulo: Quartier Latin, 2010.

Waisberg, Ivo. Dispute board em matéria societária. Quando seria viável? In: Yarshell, Flávio Luiz; Pereira, Guilherme Setoguti J. (coords.). **Processo societário**. São Paulo : Quartier Latin, 2015. v. II.

Wald, Arnoldo. A arbitragem contratual e os dispute boards. **Revista de Arbitragem e Mediação**, São Paulo, v. 6/2005, n. 0, p. 9-24, jul. 2005. Disponível em: <http://revistadostribunais.com.br/maf/app/widgetshomepage/resultList/document?&src=rl&srguid=i0ad6adc500000158a86f894e5ef1571a&docguid=Iab636730f25311dfab6f010000000000&hitguid=Iab636730f25311dfab6f010000000000&spos=7&epos=7&td=16&context=173&-crumb-action=append&crumb-label=Documento&isDocFG=false&isFromMultiSumm;=&startChunk=1&endChunk=1>. Acesso em: 20 out. 2016. (Paginação da versão eletrônica difere da versão impressa.)

WALD, Arnoldo. Dispute resolution boards: evolução recente. **Revista de Arbitragem e Mediação.** vol. 30. p. 139-151. Jul.-Set./2011.

WÄLDE, Thomas W. Efficient Management of Transnational Disputes: Mutual Gain by Mediation or Joint Loss in Litigation. **LCIA Arbitration and ADR Worldwide**, London, v. 22, n. 2, p. 205-232, 1º jun. 2006. Disponível em: <http://arbitration.oxfordjournals.org/content/22/2/205.article-info>. Acesso em: 10 nov. 2016.

ZANCHIM, Kleber Luiz. **Contratos empresariais.** Categoria – Interface com contratos de consumo e paritários – Revisão Judicial. São Paulo: Quartier Latin, 2012.

REFERÊNCIAS COMPLEMENTARES

Azevedo, Luís André N. de Moura; Castro, Rodrigo R. Monteiro de (Coord.). **Sociedade Limitada Contemporânea**. São Paulo: Quartier Latin, 2013.

Baptista, Luiz Olavo. Consórcio. In: Vidigal, Geraldo de Camargo; e Martins, Ives Gandra da Silva (Coords.). **Comentários à Lei das Sociedades por Ações**. Rio de Janeiro: Forense Universitária, 1999.

Baptista, Luiz Olavo. A "joint venture" – uma perspectiva comparatista. **Revista de Direito Mercantil** – Industrial, Econômico e Financeiro, São Paulo, n. 42, 1981.

Borges, Rodrigo Laranjeira Braga. Principais características do contrato de Consórcio de empresas no direito brasileiro. **Revista de Direito Empresarial**, vol. 2, p. 129, Mar./ 2014, DTR\2014\1498. Disponível em: <http://revistadostribunais.com.br/maf/app/widgetshomepage/latestupdates/document?&src=rl&srguid=i0ad81815000001 5568d036b7dbad1dbb&docguid=I145dcf30bfa811e39d90010000000000&hitguid=I145dcf30bfa811e39d90010000000000&spos=34&epos=34&td=275&context=51&startChunk=1&endChunk=1>. Acesso em: 19 jun. 2016, às 10:49 (Paginação da versão eletrônica difere da versão impressa.)

Brodsky P. Jerry. Mediação técnica: um instrumento prático para a resolução de conflitos técnicos sem o envolvimento de advogados e até mesmo dos clientes. In: SILVA, Leonardo Toledo da (coord.). **Direito e Infraestrutura.** São Paulo: Saraiva, 2012.

Bulgarelli, Waldirio. **Manual das sociedades anônimas**. 12. ed. São Paulo: Atlas, 2001.

Couto e Silva, Clóvis V. do. Grupo de sociedades. **Revista dos Tribunais**, vol. 647, p. 7-22, Set./1989. Disponível em: <http://revistadostribunais.com.br/

maf/app/widgetshomepage/resultList/document?&src=rl&srguid=i0ad81
81500000155690940d34984ed13&docguid=I49078e40f25811dfab6f0100
00000000&hitguid=I49078e40f25811dfab6f010000000000&spos=5&ep
os=5&td=43&context=447&startChunk=1&endChunk=1#DTR.1989.127-
-n7>. Acesso em: 19 jun. 2016, às 11:35 h. (Paginação da versão eletrônica
difere da versão impressa.)

CRISTÓFARO, Pedro Paulo. Consórcios de sociedades. Validade e eficácia dos
atos jurídicos praticados por seus administradores, nessa qualidade. Titularidade dos direitos e das obrigações deles decorrentes. **Revista de direito
mercantil, industrial, econômico e financeiro**, n. 41, jan.-mar. 1981, p. 15-21.

CUNHA, Rodrigo Ferraz Pimenta da. **Estrutura de interesses nas sociedades
anônimas**: hierarquia e conflitos. São Paulo: Quartier Latin, 2007.

DINIZ, Maria Helena. **Código Civil Anotado**. 15. ed. rev. e atual. São Paulo: Saraiva, 2010.

EIZIRIK, Nelson. **Temas de direito societário**. Rio de Janeiro: Renovar, 2005.

FALECK, Diego. Mediação empresarial: introdução e aspectos práticos. **Revista de Arbitragem e Mediação**, vol. 42, p. 263-278, Jul.–Set. 2014,
DTR\2014\15088. Disponível em: <http://revistadostribunais.com.br/maf/
app/widgetshomepage/resultList/document?&src=rl&srguid=i0ad818160
0000155692cc2719a758f55&docguid=I84a274203fbf11e48a9e010000000
000&hitguid=I84a274203fbf11e48a9e010000000000&spos=20&epos=20
&td=36&context=664&startChunk=1&endChunk=1#>. Acesso em: 19 jun.
2016, às 12:17 h. (Paginação da versão eletrônica difere da versão impressa.)

FERES, Marcos Vinício Chein. Joint ventures: o Consórcio de empresas no direito brasileiro. **Revista do IBRAC**: Direito da Concorrência, Consumo e
Comércio Internacional, vol. 8/2001, p. 3-40, Jan./2001, DTR\2011\4948.
Disponível em: <http://revistadostribunais.com.br/maf/app/widgetshome-
page/latestupdates/document?&src=rl&srguid=i0ad818150000015568d03
6b7dbad1dbb&docguid=I1d2a92101cd011e1adf500008517971a&hitguid=I-
1d2a92101cd011e1adf500008517971a&spos=35&epos=35&td=275&conte
xt=51&startChunk=1&endChunk=1>. Acesso em: 19 jun. 2016, às 10:55 h.
(Paginação da versão eletrônica difere da versão impressa.)

FERES, Marcos Vinício Chein; PEREIRA, Maíra Fajardo Linhares. Direito con-
correncial e direito societário: uma proposta transdisciplinar. **Revista do
IBRAC**: Direito da Concorrência, Consumo e Comércio Internacional. vol.
14, p. 149-168, Jan./2007, DTR\2011\2256. Disponível em: <http://revista-
dostribunais.com.br/maf/app/widgetshomepage/resultList/document?&sr-
c=rl&srguid=i0ad81815000001556d90940d34984ed13&docguid=I5c27b4c

REFERÊNCIAS COMPLEMENTARES

0e02611e0bd2100008558bdfc&hitguid=I5c27b4c0e02611e0bd210000855
8bdfc&spos=14&epos=14&td=43&context=447&startChunk=1&endChu
nk=1>. Acesso em: 19 jun. 2016, às 11:44 h. (Paginação da versão eletrônica
difere da versão impressa.)

FRANCO, Vera Helena de Mello. Concentração de poder econômico e grupos não acionários perante a ótica do código civil (breve análise pontual). **Revista dos Tribunais**, vol. 908, p. 205-228, Jun./2011, DTR\2011\1711. Disponível em: <http://revistadostribunais.com.br/maf/app/widgetshomepage/resultList/document?&src=rl&srguid=i0ad8181500000155690940d 34984ed13&docguid=Ic77587c09e2211e0abb900008558bdfc&hitguid=Ic-77587c09e2211e0abb900008558bdfc&spos=10&epos=10&td=43&context=447&startChunk=1&endChunk=1>. Acesso em: 19 jun. 2016, às 11:41 h. (Paginação da versão eletrônica difere da versão impressa.)

GUYON e COQUEREAU apud TEIXEIRA, Egberto Teixeira Lacerda; GUERREIRO, José Alexandre Tavares. **Das Sociedades Anônimas no Direito Brasileiro**. 1. ed. São Paulo: José Bushatsky, 1979. v. 11.

KUYVEN, Luiz Fernando Martins. Cooperação como princípio diretor dos contratos: a lição dos acordos de acionistas. In KUYVEN, Luiz Fernando Martins. **Temas essenciais de direito empresarial**: estudos em homenagem a Modesto Carvalhosa. São Paulo: Saraiva, 2012.

LAMY FILHO, Alfredo; PEDREIRA, José Bulhões. **A lei das S.A.**: pressupostos, elaboração, aplicação. 3. ed. Rio de Janeiro: Renovar, 1997. v. 1.

LEMES, Fábio Nogueira; CARMONA, Carlos Alberto; MARTINS, Pedro A. Batista (Coord.). **Arbitragem**: estudos em homenagem ao Prof. Guido Fernando da Silva Soares, *in memoriam*. São Paulo, SP: Atlas, 2007.

LOBO, Jorge. Grupo de sociedades. **Revista dos Tribunais**, vol. 636, p. 25-43, Out./1988, DTR\1988\199. Disponível em: <http://revistadostribunais.com. br/maf/app/widgetshomepage/latestupdates/document?&src=rl&srguid= i0ad818150000015568d036b7dbad1dbb&docguid=I3baf1ce0f25811dfab6f 010000000000&hitguid=I3baf1ce0f25811dfab6f010000000000&spos=8 6&epos=86&td=275&context=121&startChunk=1&endChunk=1>. Acesso em: 19 jun. 2016, às 11:08 h. (Paginação da versão eletrônica difere da impressa.)

MAIA, Felipe Fernandes Ribeiro. O sistema de Consórcio financeiro na Lei 11.795/2008. **Revista de Direito Bancário e do Mercado de Capitais**, vol. 47, p. 66, Jan./2010, DTR\2010\20. Disponível em: <http://revistadostribunais.com.br/maf/app/widgetshomepage/latestupdates/document?&src=rl &srguid=i0ad818150000015568d036b7dbad1dbb&docguid=I6655c530c7

3711df8be8010000000000&hitguid=I6655c530c73711df8be8010000000
000&spos=96&epos=96&td=275&context=121&startChunk=1&endChu
nk=1>. Acesso em: 19 jun. 2016, às 11:19 h. (Paginação da versão eletrônica
difere da versão impressa.)

MARTINS-COSTA, Judith. Contrato de construção. "contratos-aliança". Interpretação contratual. Cláusulas de exclusão e de limitação do dever de indenizar. Parecer. **Revista de Direito Civil Contemporâneo**, vol. 1, p. 315-351, Out.–Dez./2014, TR\2014\19838. Disponível em: <http://revistadostribunais.com.br/maf/app/widgetshomepage/latestupdates/document?&src=rl&srguid=i0ad818150000015568d036b7dbad1dbb&docguid=I92b4ba80
6aff11e4b823010000000000&hitguid=I92b4ba806aff11e4b82301000000
0000&spos=91&epos=91&td=275&context=121&startChunk=1&endChu
nk=1>. Acesso em: 19 jun. 2016, às 11:13 h. (Paginação da versão eletrônica
difere da versão impressa.)

MATTOS, Eduardo da Silva. Governança corporativa em sociedades cooperativas: Peculiaridades do problema de agência e primeiras sugestões. **Revista de Direito Empresarial**, vol. 9/2015, p. 79-97, Maio–Jun./2015, DTR\2015\914. Disponível em: <http://revistadostribunais.com.br/maf/app/widgetshomepage/resultList/document?&src=rl&srguid=i0ad818150
0000155694542901c23484d&docguid=I7f653c300e7d11e5821101000000
0000&hitguid=I7f653c300e7d11e58211010000000000&spos=2&epos=2
&td=17&context=847&startChunk=1&endChunk=1>. Acesso em: 19 jun. 2016, às 12:29. (Paginação da versão eletrônica difere da versão impressa.)

NEGREIROS, Teresa. **Teoria do contrato**: novos paradigmas. Rio de Janeiro: Renovar, 2002.

NUNES, A. J. Avelãs. **O direito de exclusão de sócios nas sociedades comerciais**. Coimbra: Almedina, 2002.

OLIVEIRA, Karina Cardozo de. Breve análise sobre o contrato de Consórcio empresarial. **Revista de Direito Bancário e do Mercado de Capitais**: vol. 66/2014, p. 131-155, Out.– Dez./2014, DTR\2015\377. Disponível em: <http://revistadostribunais.com.br/maf/app/widgetshomepage/latestupdates/document?&src=rl&srguid=i0ad818150000015568d036b7dbad1db
b&docguid=Ia2dbfbd09aed11e4a88b010000000000&hitguid=Ia2dbfbd09
aed11e4a88b010000000000&spos=38&epos=38&td=275&context=51&st
artChunk=1&endChunk=1>. Acesso em: 19 jun. 2016, às 11:01 h. (Paginação da versão eletrônica difere da versão impressa.)

PRADO, Viviane Muller; TRONCOSO, Maria Clara. Análise do fenômeno dos grupos de empresas na jurisprudência do STJ. **Revista de Direito Ban-**

cário e do Mercado de Capitais, vol. 40/2008, p. 97-120, Abr.–Jun./2008, DTR\2008\224. Disponível em: <http://revistadostribunais.com.br/maf/ app/widgetshomepage/resultList/document?&src=rl&srguid=i0ad818150 0000155690940d34984ed13&docguid=Iad2e58a0f25211dfab6f01000000 0000&hitguid=Iad2e58a0f25211dfab6f010000000000&spos=15&epos=15 &td=43&context=447&startChunk=1&endChunk=1>. Acesso em: 19 jun. 2016, às 11:48 h. (Paginação da versão eletrônica difere da versão impressa.)

REALE, Miguel. Pareceres exclusão de sócio das sociedades comerciais. **Revista de Direito Bancário e do Mercado de Capitais**, vol. 55, p. 419-427, Jan. -Mar./2012, DTR\2012\2464. Disponível em: <http://revistadostribunais. com.br/maf/app/widgetshomepage/latestupdates/document?&src=rl&s rguid=i0ad818150000015569543f3f1c2348fa&docguid=Ic6f004c089da11 e1911400008517971a&hitguid=Ic6f004c089da11e1911400008517971a&s-pos=63&epos=63&td=303&context=1057&startChunk=1&endChunk=1>. Acesso em: 19 jun. 2016, às 13:06. (Paginação da versão eletrônica difere da versão impressa.)

REQUIÃO, Rubens. Consórcio de empresas – necessidade de legislação ade-quada. **Doutrinas Essenciais de Direito Empresarial**, vol. 2, p. 225-231, Dez./2010. Disponível em: <http://revistadostribunais.com.br/maf/app/ widgetshomepage/resultList/document?&src=rl&srguid=i0ad818150000 015568d036b7dbad1dbb&docguid=I8eef5fc0682011e181fe000085592b66 &hitguid=I8eef5fc0682011e181fe000085592b66&spos=1&epos=1&td=27 5&context=9&startChunk=1&endChunk=1#>. Acesso em: 19 jun. 2016, às 10:33. (Paginação da versão eletrônica difere da versão impressa.)

RESTIFFE, Paulo Sérgio. **Dissolução de sociedades**. São Paulo: Saraiva, 2011.

RIBEIRO, Renato Ventura. **Exclusão de sócios nas sociedades anônimas**. São Paulo: Quartier Latin, 2005.

ROPPO, Enzo. **O contrato**. Coimbra: Almedina, 2009.

SILVA, Eduardo Silva da. **Arbitragem e direito da empresa**: dogmática e im-plementação da cláusula compromissória. São Paulo: Revista dos Tribunais, 2003.

SILVEIRA, Alexandre Di Miceli da. **Governança corporativa no Brasil e no mundo**: teoria e prática. Rio de Janeiro: Elsevier, 2010.

SZTAJN, Rachel. Associações e sociedades: à luz da noção de contrato plurilate-ral. **Revista de Direito Privado**, vol. 21/2005, p. 223-234, Jan.–Mar./2005. Disponível em: <http://revistadostribunais.com.br/maf/app/widgetshome-page/resultList/document?&src=rl&srguid=i0ad818150000015568d036b-7dbad1dbb&docguid=Ib7e9f480f25111dfab6f010000000000&hitguid=I-

b7e9f480f25111dfab6f010000000000&spos=14&epos=14&td=275&cont
ext=9&startChunk=1&endChunk=1>. Acesso em: 19 mar. 2016, às 10:39 h.
(Paginação da versão eletrônica difere da versão impressa.)

SZTAJN, Rachel. **Contrato de sociedade e formas societárias**. São Paulo: Saraiva, 1989.

TEPEDINO, Gustavo. Consensualismo na arbitragem e teoria do grupo de sociedades. **Revista dos Tribunais**, vol. 903/2011, p. 9-25, Jan./2011. Disponível em: <http://revistadostribunais.com.br/maf/app/widgetshomepage/resultList/document?&src=rl&srguid=i0ad818160000015569231e8b3911b413&-docguid=Ibf12cb103e5f11e09ce30000855dd350&hitguid=Ibf12cb103e5f11e09ce30000855dd350&spos=4&epos=4&td=26&context=592&startChunk=1&endChunk=1>. Acesso em 19 jun. 2016, às 11:56 h. (Paginação da versão eletrônica difere da versão impressa.)

TOMAZETTE, Marlon. As obrigações tributárias e os Consórcios de sociedades – necessidade de interpretação restritiva da Lei 12.402/2011. **Revista Tributária e de Finanças Públicas**, vol. 100/2011, p. 349-368, Set.–Out./2011. Disponível em: <http://revistadostribunais.com.br/maf/app/widgetshomepage/resultList/document?&src=rl&srguid=i0ad818160000015569231e8b3911b413&docguid=I8131eeb0005c11e1b2fb00008558bdfc&hitguid=I8131eeb0005c11e1b2fb00008558bdfc&spos=2&epos=2&td=26&context=592&startChunk=1&endChunk=1>. Acesso em: 19 jun. 2016, às 11:53 h. (Paginação da versão eletrônica difere da versão impressa.)

VILLARREAL, Gabriel Hernan Facal; CRUZ E CREUZ, Luís Rodolfo. Consórcio de empresas: benefícios fiscais na celebração de parcerias empresariais. **Revista Tributária e de Finanças Públicas**, vol. 63/2005, p. 92-99, Jul.–Ago./2005, DTR\2005\535. Disponível em: <http://revistadostribunais.com.br/maf/app/widgetshomepage/latestupdates/document?&src=rl&srguid=i0ad818150000015568d036b7dbad1dbb&docguid=I3eea4780f25411dfab6f010000000000&hitguid=I3eea4780f25411dfab6f010000000000&spos=31&epos=31&td=275&context=51&startChunk=1&endChunk=1>. Acesso em: 19 jun. 2016, às 10:45 h. (Paginação da versão eletrônica difere da versão impressa.)

WALD, Arnoldo (Org.). **Doutrinas essenciais**: direito empresarial: contratos mercantis e outros temas. São Paulo: Revista dos Tribunais, 2011.

WALD, Arnoldo (Org.). **Doutrinas essenciais**: direito empresarial: sociedade anônima. São Paulo: Revista dos Tribunais, 2011.

WALD, Arnoldo. **Consórcios de empresas**. Estudos e Pareceres de Direito Comercial: Problemas comerciais e fiscais da empresa contemporânea. São Paulo: Revista dos Tribunais, 1979. v. II.

REFERÊNCIAS COMPLEMENTARES

WALD, Arnoldo. Da natureza e do regime jurídico das cooperativas e do sócio demitido ou que se retira da sociedade. **Revista dos Tribunais**, v. 711, p. 63, Jan./1995, DTR\1995\72. Disponível em: <http://revistadostribunais.com.br/maf/app/widgetshomepage/latestupdates/document?&src=rl&srguid=i0ad818150000015569543f3f1c2348fa&docguid=I4c10a930f25011dfab6f010000000000&hitguid=I4c10a930f25011dfab6f010000000000&spos=71&epos=71&td=303&context=1057&startChunk=1&endChunk=1>. Acesso em: 19 jun. 2016, às 13:03 h. (Paginação da versão eletrônica difere da versão impressa.)

WARDE JUNIOR, Walfrido Jorge; JUNQUEIRA NETO, Ruy de Mello. **Direito societário aplicado**: baseado nos precedentes das câmaras reservadas de direito empresarial do Tribunal de Justiça do Estado de São Paulo. São Paulo: Saraiva, 2014.

LEGISLAÇÃO

BRASIL. Decreto n. 24.643, de 10 de julho de 1934. Decreta o Código de Águas. Palácio do Planalto Presidência da República, Brasília, DF, 10 de julho de 1934. Disponível em: <https://www.planalto.gov.br/ccivil_03/decreto/d24643.htm>. Acesso em 28 nov. 2016.

BRASIL. Decreto-Lei n. 1.608, de 18 de setembro de 1939. Código de Processo Civil. Decreto-lei N. 1.608, de 18 de Setembro de 1939. Rio de Janeiro, RJ, Disponível em: <http://www.planalto.gov.br/ccivil_03/decreto-lei/1937-1946/Del1608.htm>. Acesso em: 27 jan. 2017.

BRASIL. Lei n. 4.728, de 14 de julho de 1965. Disciplina o mercado de capitais e estabelece medidas para o seu desenvolvimento. Palácio do Planalto Presidência da República, Brasília, DF, 14 de julho de 1965. Disponível em: <http://www.planalto.gov.br/ccivil_03/leis/L4728.htm>. Acesso em: 28 nov. 2016.

BRASIL. Lei n. 5.025, de 10 de junho de 1966. Dispõe sôbre o intercâmbio comercial com o exterior, cria o Conselho Nacional do Comércio Exterior, e dá outras providências. Palácio do Planalto Presidência da República, Brasília, DF, 10 de junho de 1966. Disponível em: <http://www.planalto.gov.br/ccivil_03/leis/L5025.htm>. Acesso em 28 nov. 2016

BRASIL. Decreto-Lei n. 227, de 28 de fevereiro de 1967. Dá nova redação ao Decreto-lei n. 1.985, de 29 de janeiro de 1940. (Código de Minas). Palácio do Planalto Presidência da República, Brasília, DF, 28 de fevereiro de 1967. Disponível em: <http://www.planalto.gov.br/ccivil_03/decreto-lei/Del0227.htm>. Acesso em: 28 nov. 2016.

BRASIL. Lei n. 6.404, de 15 de dezembro de 1976. Dispõe sobre as Sociedades por Ações. Palácio do Planalto Presidência da República, Brasília, DF,

15 de dezembro de 1976. Disponível em: < https://www.planalto.gov.br/ccivil_03/leis/L6404consol.htm>. Acesso em 28 nov. 2016.

BRASIL. Lei n. 7.565, de 19 de dezembro de 1986. Dispõe sobre o Código Brasileiro de Aeronáutica. Palácio do Planalto Presidência da República, Brasília, DF, 19 de dezembro de 1986. Disponível em: < http://www.planalto.gov.br/ccivil_03/leis/L7565.htm>. Acesso em 28 nov. 2016.

BRASIL. Lei n. 8.137, de 27 de dezembro de 1990. Lei n. 8.137, de 27 de dezembro de 1990. Brasília, Disponível em: <https://www.planalto.gov.br/ccivil_03/leis/L8137.htm>. Acesso em: 16 jan. 2017.

BRASIL. Lei n. 8.666, de 21 de junho de 1993. Regulamenta o art. 37, inciso XXI, da Constituição Federal, institui normas para licitações e contratos da Administração Pública e dá outras providências. Palácio do Planalto Presidência da República, Brasília, DF, 21 de junho de 1993. Disponível em: <https://www.planalto.gov.br/ccivil_03/Leis/L8666cons.htm>. Acesso em: 28 nov. 2016.

BRASIL. Decreto 915, de 6 de setembro de 1993. Autoriza a formação de consórcios para geração de energia elétrica. Palácio do Planalto Presidência da República, Brasília, DF, 6 de setembro de 1993. Disponível em: <http://www.planalto.gov.br/ccivil_03/decreto/1990-1994/D0915.htm>. Acesso em: 28 nov. 2016.

BRASIL. Lei n. 8.987, de 13 de fevereiro de 1995. Dispõe sobre o regime de concessão e permissão da prestação de serviços públicos previsto no art. 175 da Constituição Federal, e dá outras providências. Palácio do Planalto Presidência da República, Brasília, DF, 13 de fevereiro de 1995. Disponível em: <http://www.planalto.gov.br/ccivil_03/leis/L8987cons.htm>. Acesso em: 28 nov. 2016.

BRASIL. Lei n. 9.074, de 7 de julho de 1995. Estabelece normas para outorga e prorrogações das concessões e permissões de serviços públicos e dá outras providências. Palácio do Planalto Presidência da República, Brasília, DF, 7 de julho de 1995. Disponível em: <http://www.planalto.gov.br/ccivil_03/leis/L9074cons.htm>. Acesso em: 28 nov. 2016.

BRASIL. Lei n. 9.307, de 23 de setembro de 1996. Dispõe sobre a arbitragem. Palácio do Planalto Presidência da República, Brasília, DF, 23 de setembro de 1996. Disponível em: <http://www.planalto.gov.br/ccivil_03/leis/L9307.htm>. Acesso em: 28 nov. 2016.

BRASIL. Lei n. 9.478, de 6 de agosto de 1997. Dispõe sobre a política energética nacional, as atividades relativas ao monopólio do petróleo, institui o Conselho Nacional de Política Energética e a Agência Nacional do Petróleo

LEGISLAÇÃO

e dá outras providências. Palácio do Planalto Presidência da República, Brasília, DF, 6 de agosto de 1997. Disponível em: < http://www.planalto.gov.br/ccivil_03/leis/L9478.htm>. Acesso em: 28 nov. 2016.

BRASIL. Lei n. 10.406, de 10 de janeiro de 2002. Institui o Código Civil. Palácio do Planalto Presidência da República, Brasília, DF, 10 de janeiro de 2002. Disponível em: <http://www.planalto.gov.br/ccivil_03/leis/2002/L10406.htm>. Acesso em: 28 nov. 2016.

BRASIL. Lei n. 12.462, de 4 de agosto de 2011. Institui o Regime Diferenciado de Contratações Públicas – RDC; altera a Lei no 10.683, de 28 de maio de 2003, que dispõe sobre a organização da Presidência da República e dos Ministérios, a legislação da Agência Nacional de Aviação Civil (Anac) e a legislação da Empresa Brasileira de Infraestrutura Aeroportuária (Infraero); cria a Secretaria de Aviação Civil, cargos de Ministro de Estado, cargos em comissão e cargos de Controlador de Tráfego Aéreo; autoriza a contratação de controladores de tráfego aéreo temporários; altera as Leis nos 11.182, de 27 de setembro de 2005, 5.862, de 12 de dezembro de 1972, 8.399, de 7 de janeiro de 1992, 11.526, de 4 de outubro de 2007, 11.458, de 19 de março de 2007, e 12.350, de 20 de dezembro de 2010, e a Medida Provisória no 2.185-35, de 24 de agosto de 2001; e revoga dispositivos da Lei no 9.649, de 27 de maio de 1998. Palácio do Planalto Presidência da República, Brasília, DF, 4 de agosto de 2011. Disponível em: <http://www.planalto.gov.br/ccivil_03/_ato2011-2014/2011/Lei/L12462.htm>. Acesso em 28 nov. 2016.

BRASIL. Instrução Normativa Drei n. 19, de 05 de dezembro de 2013. Dispõe sobre os atos de constituição, alteração e extinção de Grupo de Sociedades, bcm como os Atos dc Constituição, Altcração e Extinção de Consórcio. Instrução Normativa Drei N. 19, de 5 de Dezembro de 2013. BRASÍLIA, DF: Dou, 06 dez. 2013. Disponível em: <http://www.drei.smpe.gov.br/legislacao/instrucoes-normativas/titulo-menu/pasta-instrucoes-normativas-em--vigor-02-1/drei-19.pdf>. Acesso em: 22 jan. 2017.

BRASIL. Lei n. 13.105, de 16 de março de 2015. Código de Processo Civil. Palácio do Planalto Presidência da República, Brasília, DF, 16 de março de 2015. Disponível em: <https://www.planalto.gov.br/ccivil_03/_ato2015-2018/2015/lei/l13105.htm>. Acesso em: 28 nov. 2016.

BRASIL. Lei n. 13.140, de 26 de junho de 2015. Dispõe sobre a mediação entre particulares como meio de solução de controvérsias e sobre a autocomposição de conflitos no âmbito da administração pública; altera a Lei no 9.469, de 10 de julho de 1997, e o Decreto n. 70.235, de 6 de março de 1972; e revoga o § 2o do art. 6o da Lei no 9.469, de 10 de julho de 1997. Palácio do

Planalto Presidência da República, Brasília, DF, 26 de junho de 2015. Disponível em: <http://www.planalto.gov.br/ccivil_03/_Ato2015-2018/2015/Lei/L13140.htm>. Acesso em 28 nov. 2016

BRASIL. Instrução Normativa RFB n. 1634, de 06 de maio de 2016. Dispõe sobre o Cadastro Nacional da Pessoa Jurídica (CNPJ). Brasília, DF: DOU, 09 de maio 2016. Disponível em: <http://normas.receita.fazenda.gov.br/sijut2consulta/link.action?idAto=73658>. Acesso em: 28 fev. 2017.

BRASIL. Projeto de Lei n. 1.572, DE 2011, de 13 de julho de 2016. Institui o Código Comercial. Lex. Disponível em: <http://www.camara.gov.br/proposicoesWeb/prop_mostrarintegra;jsessionid=0D13E01755C0F2A2F3FE8BD54E2FDF91.proposicoesWebExterno2?codteor=1476929&filename=Parecer-PL157211-13-07-2016>. Acesso em: 23 fev. 2017.

JURISPRUDÊNCIA

BRASIL. Comissão de Valores Mobiliários – CVM. Parecer n. CVM/SJU n. 044/82. Dra. Carmen Sylvia Motta Parkinson. Rio de Janeiro, RJ, 08 de junho de 1982. Consórcio de Empresas. Rio de Janeiro, 08 jun. 1982. Disponível em: <http://docvirt.com/docreader.net/DocReader.aspx?bib=juris_cvm_wi&pagfis=4789&pesq;=.>. Acesso em: 3 set. 2016.

BRASIL. Tribunal de Justiça do Rio de Janeiro. Ementa n. APL 00691012020038190001. APELANTE: MARINE & OFFSHORE RUTLEDGE LTDA. APELADO: SAMPLING PLANEJAMENTO E ASSESSORIA DE SEGURANCA E HIGIENE INDUSTRIAL S C LTDA. Relator: ISMENIO PEREIRA DE CASTRO. Relator: Des. Ismenio Pereira de Castro. Rio de Janeiro, RJ, 21 de outubro de 2009. **Tribunal de Justiça do Rio de Janeiro**. Rio de Janeiro, . Disponível em: <http://tj-rj.jusbrasil.com.br/jurisprudencia/397866832/apelacao-apl-691012020038190001-rio-de-janeiro--capital-4-vara-empresarial>. Acesso em: 28 out. 2016.

BRASIL. Tribunal de Justiça do Estado de São Paulo. Acórdão n. APL 30064251820138260428 SP 3006425-18.2013.8.26.0428. Apte: Consórcio Jaraguá Egesa. Apda: Rep Equipamentos e Peças Ltda. Relator: Francisco Loureiro. Campinas, SP, 12 de agosto de 2015. **TJSP**. São Paulo, 12 ago. 2015. Disponível em: <http://tj-sp.jusbrasil.com.br/jurisprudencia/219934798/apelacao-apl-30064251820138260428--sp-3006425-1820138260428/inteiro-teor-219934817>. Acesso em: 27 nov. 2016.

BRASIL. Tribunal de Justiça do Estado de Mato Grosso do Sul. Acórdão n. 0807284-65.2014.8.12.0021. Apelante: Kanaflex S/A. Indústria de Plásticos Apelado: Consórcio UFN III. Relator: Exma. Sra. Desª. Tânia Garcia de

Freitas Borges. Campo Grande, MS, 22 de novembro de 2016. **TJMS**. Campo Grande, 22 nov. 2016. Disponível em: <http://www.tjms.jus.br/cjsg/getArquivo.do?cdAcordao=641812&cdForo=0&vlCaptcha=vQFdc>. Acesso em: 27 nov. 2016.

ÍNDICE

INTRODUÇÃO   11

PARTE I – FUNDAMENTOS DOS CONSÓRCIOS EMPRESARIAIS   17

1. O Consórcio de Empresas   19

PARTE II.   CONFLITOS EM CONSÓRCIOS EMPRESARIAIS   73

2. Do Vínculo Jurídico entre as Empresas que Compõem
o Consórcio   75

3. Solução de Controvérsias entre as Consorciadas   95

4. Outras Formas de Solução de Conflitos em Consórcios   115

CONCLUSÃO   149

Referências   157
Referências Complementares   165
Legislação   173
Jurisprudência   177